NORDIC PATH
NEW SCHOOLS FOR
FUTURE GENERATION

NORWAY

북유럽 학교 노르웨이
NORDIC PATH: New Schools for Future Generation

2021년 12월 10일 초판 1쇄 찍음
2021년 12월 15일 초판 1쇄 펴냄

지은이 안애경
펴낸이 이상
펴낸곳 가갸날
주소 경기도 고양시 일산동구 강선로 49 BYC 402호
전화 070.8806.4062
팩스 0303.3443.4062
이메일 gagyapub@naver.com
블로그 blog.naver.com/gagyapub
페이지 www.facebook.com/gagyapub
디자인 강소이, 노성일
용지 npaper
제작 더프레스

ISBN 979-11-87949-81-7 03370

NORDIC PATH

NEW SCHOOLS FOR
FUTURE GENERATION

북유럽 학교
노르웨이

안애경

가갸날

북유럽을 닮은 아티스트,
안애경

곽노현(전 서울특별시 교육감)

북유럽 스칸디나비아 국가들은 사회민주주의 이념으로 가장 인간적인 자본주의사회, 즉, 민주복지국가를 만들어 낸 작지만 강한 나라들이다. 많은 사람들이 그랬듯이 나도 스웨덴, 노르웨이, 핀란드, 덴마크를 오랫동안 동경했다. 과거와 같은 현격한 차이가 나진 않지만 여전히 스칸디나비아 국가들은 청정한 환경과 생태 보존, 투명한 정치와 행정, 혁신적인 경제와 교육으로 전세계의 선도국가가 되고 있다.

나는 1980년대에 스웨덴 정치를 한동안 연구했고, 2000년대부터는 핀란드 교육 붐이 불어 와 핀란드 교육도 공부하지 않을 수 없었다. 내 주된 관심사는 정치이념과 정치경제 시스템, 교육 시스템이었지만, 길거리와 골목, 공원과 미술관에서 마주치는 다양한 문화와 예술, 환경 감수성을 지나치진 않았다. 오늘 소개할 안애경의 책은 학교 건축과 예술교육을 중심으로 지역사회와 일상생활에 녹아 있는 핀란드와 노르웨이의 문화와 예술, 교육의 특징을 풀어내며 우리 사회에 말을 건넨다.

정직하게 말하자면 나는 안애경의 이번 책에서 그동안 내가 접했던 핀란드나 노르웨이 관련 책을 다 합친 것보다도 더 많이 핀란드와 노르웨이의 일상적 삶과 교육, 문화의 속살을 만났다. 그만큼 안애경의 관점과 시선, 감수성이 독특하다. 앞으로 누구도 이런 책을 만들어 내지 못할 게 틀림없다. 우선 안애경만큼 현지인처럼 그곳에 오래 살며 경험하기가 어렵다. 안애경만큼 글을 잘 쓰고 사진을 잘 찍기도 어렵다. 안애경만큼 교육과 건축, 예술을 자유자재로 넘나들기도 어렵다. 안애경만큼 아티스트 감수성을 갖추기도 어렵다.

실은 안애경을 잘 알지 못한다. 지금까지 대여섯 번 봤을 뿐이고, 긴 얘기는 두어 번 나눈 정도다. 안애경은 내가 2010년 가을 헬싱키에서 마주친 뜻밖의 인물이었다. 하지만 첫눈에 그가 자유로운 아티스트이자 교육에 관심이 많다는 사실을 알아챘다. 그가 귀국길에 보라며 책을 한 권 건넸다. 사진이 많이 들어 있지만 한국인의 눈으로 본 핀란드 사회와 육아, 교육의 특징이 고스란히 담겨 있었다. 한국 아티스트의 눈으로 본 핀란드 사회의 예술교육과 예술문화의 특징도 흥미로웠다.

그는 예리한 이방인 관찰자로서 핀란드 사회의 특징을 잡아내는 글을 쓴다. 그의 글은 모두가 비교적 관점 위에 서 있다. 그의 정신과 감수성은 반은 한국적이지만 반은 북구적이다. 나는 그가 책에 실어놓은 수많은 사진에서, 사회민주주의의 건강한 기능성과 심미성을 확인하고 내심 안도했다. 국가와 사회가 보통사람을 대접하는 높은 수준을 실감하고 여전히 우리 국가가 가야 할 길이 멀다는 사실을 절감했다.

끝으로 이 책의 독자는 누구나 안애경이 핀란드 사회를 지켜보는 예리한 관찰자이고, 핀란드 문화를 바라보는 따뜻한 문필가이며, 핀란드 교육을 본받고 싶은 탄탄한 교육자라는 사실을 알게 될 것이다. 나는 안애경이 스칸디나비아 사회의 평등지향적이고 연대지향적인 사회민주주의 이념과 정치가 지역사회와 학교교육, 그리고 예술 분야에서 어떻게 녹아드는지를 잘 보여준다고 믿는다. 그의 글에서는 북유럽의 차가운 합리성, 뜨거운 연대성, 적당한 개인주의가 풍겨 온다. 쨍 하는 추위, 따끈한 커피, 두툼한 털장갑도 연상된다. 그대의 손에 쥔 안애경의 책이 바로 핀란드와 노르웨이의 숲이다. 맘껏 산책하라.

차례

아버지의 가르침

Life Lessons from Father

자연과 전통을 존중하는 삶

험준한 고원지대의 거친 대자연 앞에서 엄숙한 사람들의 태도가 있다. 험한 야생의 자연 앞에서 노르웨이 사람들은 아버지의 가르침을 되새긴다. 울퉁불퉁하게 생긴 자연과 공존하며 이웃과 부족함을 나누고 행복한 사회를 이루며 살기를 바라는 아버지의 가르침이다. 아버지의 가르침은 전설이고 희망을 이야기하는 오늘과 내일로 이어진다. 부와 가난의 구분은 사회를 악화시킨다는 아버지의 가르침대로 모든 사람은 행복의 가치를 부에서 찾지 않는다. 부를 축적하는 일보다 몸으로 자연을 배우며 정직한 삶을 살아가도록 가르친다. 정직한 사회를 이루는 근간이다. 아버지의 유산은 돈이 아니라 자연과 전통이라 말한다.

거친 야생의 자연과 함께 살아가는 사람들. 다음 세대에게 천연의 야생을 고스란히 남겨주어야 한다고 말한다. 다음 세대 역시 천연자연을 몸으로 경험하고 실천하면서 스스로 삶을 배워야 한다는 것이 노르웨이 사람들 생각이다. 자연 생태계의 변화는 이론으로만 교육할 수 있는 것이 아니며 그 어떤 변화에 대처하기 위한 능력은 어릴 때부터 직접 몸으로 부딪치면서 터득할 수 있어야 한다고 믿는 사람들. 아버지의 가르침대로 아이들은 거친 자연을 마주하며 험한 자연환경에 적응한다. 어떤 상황에서도 독립적으로 행동하고 사회에 적응하도록 교육한다.

노르웨이 띾스달. 레이울프 람스타드 건축팀RRA이 디자인한 전망대. 노르웨이 정부는 원형의 자연을 보호하고 관조하는 차원에서 공공디자인 프로젝트를 오랜 기간 동안 이어가고 있다.

노르웨이 사람들에게서 몸을 사리지 않는 대범함과 겸허한 태도를 보며 그 이면에 어떤 교육 환경이 뒤따르고 있는지 궁금했다. 나의 기록은 학자나 이론가의 연구목적보다는 아티스트로서 삶 속에서 경험하며 실천하는 교육 환경에 대한 호기심에서 출발하였다.

노르웨이 사람들은 자연이란 인간이 감히 상대할 수 없을 만큼 거대한 존재이기 때문에 직접 몸으로 배워야 한다고 가르친다. 자연은 거스르는 것이 아니라 자연의 원칙과 무한한 힘을 깨닫고 경험하며 대처 능력을 키워야 한다는 것이다. 그러한 전통 생활방식에서 어른들은 아이들이 어릴 때부터 혹독한 추위에도 스스로 견디며 야생의 자연과 함께 살 수 있도록 옆에서 지켜본다. 누구도 대신해 줄 수 없는 자연의 가르침을 경험하며 성장한 어른들은 다음 세대에게도 그 전통과 정신을 물려준다. 이론만으로는 설명할 수 없는 자연의 이치와 경이로움을 어릴 때부터 직접 경험하며 배워야 한다는 생각은 북유럽 사람들의 공통적인 가르침이다.

마치 전설을 통해 전해 내려오는 이야기처럼, 노르웨이 사람들에게서는 무언가 독특한 정신적 흐름을 감지하게 된다. 전통을 존중하는 모습, 전통으로부터 전해지는 자연과의 삶은 현대 생활과 조화를 이룬다. 자연을 거스르지 않고 지켜야 할 전통과 풍습을 이어가는 현대인의 모습 속에는 분명 교과서만으로는 가능하지 않은 배움이 존재한다. 독립성과 사회성을 강조하는 노르웨이 사람들은 자연과 전통에서 스스로의 삶을 터득하는 일이 학교교육보다 중요하다고 말한다. 학교교육에서는 교과서를 통해 암기하고 익혀야 할 지식보다 사회참여를 통해 성숙해지는 인간관계를 더욱 강조한다. 교과서만으로는 가르칠 수 없는 정신적 가치를 우선으로 하는 사람들에게서 학교교육과 가정, 사회의 상관 관계는 무엇보다 중요함을 인식하게 된다.

노르웨이 중세기에 지어진 전통 목조 교회와 농가 주택.

선조가 남긴 지혜로운 목조 건물은 오랜 세월의 흔적을 간직한 채 다음 세대에게 영감을 주고 있다. 울퉁불퉁한 지형을 따라 지어진 주택가에 사는 사람들은 사유공간을 최소화하고 이웃과 함께 사용하는 공유공간에 대한 의식이 높다.

사람들은 한 뼘 땅을 양보하고 골목길을 낸다.

베르겐에서 노르웨이 학교 건축을 소개했던 건축가 피터는 오랜 세월 아버지로부터 이어받은 전통은 지속가능한 사회적 책임으로 이어진다고 말한다. 좋은 집을 짓는 일은 돈이 우선이 아니라 조상의 지혜를 담은 전문가의 사회적 책임에서 실현된다고 말한다. 그는 베르겐시 항구에 여전히 건재한 14세기 목조 건축물을 소개한 적이 있다. 14세기~16세기에 지어진 목조 건축물들은 여러 번 불에 타 복구되긴 했지만 옛날 방식 그대로 재현된 목구조를 살필 수 있다. 건축가 피터는 오래된 전통 목조 건물에서 아버지의 지혜를 발견한다. 그는 역사가 담긴 현장에서 현대인이 상상하기 어려운 목구조의 디테일을 관칠힌디. 건축을 공부하는 학생들에게도 영감을 불러일으킬 만한 중요한 곳이라며 자신이 가르치는 학생들과 자주 현장을 찾는다. 평지보다는 언덕이나 산이 많은 노르웨이에서 울퉁불퉁한 지형을 따라 목조 주택을 지으려면 주변 환경을 이해하고 지형에 대한 올바른 지식과 지혜가 요구된다. 아버지가 남긴 목조 건물의 지혜로운 전통 방식은 노르웨이 건축에서 효율적이고 실질적인 공간을 디자인하는 방식으로 발전되어왔다. 좁은 땅 위에 지어진 목조 건축에서 생활 공간을 최소화하는 아버지의 가르침에는 대자연을 함부로 변형하지 않는 태도가 포함된다. 일반 거주지역에서 사적인 소유공간을 최소화하고 이웃과 소통하기 위한 공유면적을 최대화한다. 공공 마인드가 담겨 있는 공유지는 자연을 관조하고 이웃과 함께 공통의 관심을 이끄는 장소로 사용한다.

마을 어귀 고목의 뿌리가 보도블록을 뚫고 나왔다. 이웃사람들은 계속 성장하는 나무 편에서 담장을 허물고 보도블록을 들어냈다.

아버지에게 물려받은 지혜로운 전통은 오늘날 현대화된 삶의 방식과 조화를 이루며 새로운 세대의 창의적인 디자인으로 재해석되는 근간을 이루게 된다.

인간과 자연의 공존을 강조하는 북유럽 사회

사람과 또 다른 생명체가 이웃하며 살아간다. 북유럽 사람들은 예로부터 야생의 자연, 신선한 공기, 맑은 물과 같은 자연을 즐길 줄 알고, 자연환경과 관련된 문제를 함께 모여 해결하려는 전통이 있다.

오슬로 도심에서 시골 같은 자연 환경을 쉽게 찾아볼 수 있다. 자연 가까이에서 살아가는 데 익숙한 사람들은 자투리 땅을 시멘트, 콘크리트로 덮는 것보다 풀, 꽃, 나무와 같은 야생이 자라는 공원과 텃밭으로 만들어 이웃과 나누고 함께 즐긴다. 아이들은 학교 프로그램을 통해 식물이 어떻게 자라고 먹거리가 어떻게 만들어지는지 그 과정을 관찰하며 직접 수확하는 경험을 한다. 학교에서의 활동 경험은 가정과 사회의 실천으로 자연스럽게 이어진다.

자연과 인간의 관계는 지금 우리가 주목하는 북유럽 사회를 살피는 데 중요한 관점이다. 자연유산과 문화유산에 대한 깊은 존경심이 있으며 다음 세대를 위해서 이를 지키고자 하는 강한 의지로 실천하는 사람들이다.

아이들은 어릴 때부터 흙을 만지며 자연을 경험한다. 씨앗을 뿌리고 새싹을 관찰하며 자연과 함께 성장한다.

노르웨이 사람들은 엄숙한 자연 앞에서 자연을 변형하지 않고 그 자체로 다음 세대에 전해야 한다고 믿는다. 아버지가 물려줄 유산은 돈이 아니라 자연이라 말한다.

자연과 가깝게 살아가고 그 자연 속에서 얻는 에너지를 일로 승화시키는 자연인의 본성이 숨어 있다. 자연 속에서 훈련된 마음의 눈으로 사물을 바라본다. 야성적인 자연세계와 극도로 발달한 인간 문명 사이에서 그 접점을 찾으며 균형을 유지한다. 인간을 위한 사고방식과 자연 그 자체를 관조하는 자연인의 생활 태도는 자연환경과 인간의 관계를 보다 기능적이고 과학적인 생활 방식으로 풀어낸다. 몸으로 흙의 기운을 느끼며 자연 생태계를 경험한다. 세상 진리를 터득하는 일은 어릴 때부터 놀이처럼 시작된다. 땅에 뿌리내리는 자연의 이치를 저절로 알아간다. 정원 가꾸는 일은 북유럽 사람들에게 소중한 일상이다. 사람들은 휴식 같은 노동을 즐기며 취미로 이어지는 크고 작은 정원을 늘 가까이 두고 있다. 어른, 아이, 남녀노소 불문하고 흙 만지는 사람들 얼굴에 행복이 넘치는 이유다.

한국을 경험한 노르웨이 친구

한국에서 3년을 체류하던 안네와 만날 때면 자연스럽게 아이들 교육에 대한 이야기를 했다. 그는 남편의 직장을 따라 한국에서 생활하며 한국문화를 배우며 즐겼다. 노르웨이에서 역사를 가르치는 교사였던 그는 종종 나의 예술교육 프로그램에 적극 참여하며 아이들과 만나

온몸으로 소통하고 따뜻한 마음을 나누어 주었다.

안네는 처음 한국에 왔을 때 익숙하지 않았던 몇 장면을 떠올린다. 그가 가장 어색했던 경험은 아이들과 부모의 태도였다고 한다. 안네는 자신이 전직 교사로서 자연스럽게 아이들과 부모의 관계 그리고 청소년들의 태도에 관심을 가졌다. 가장 먼저 눈에 뜨인 장면은 어른이 아이에게 소리를 지르며 나무라는 장면이었다. 아이들 실수를 용납하지 않는 한국 부모의 모습이 충격적이었다고 한다. 실수한 아이들 앞에서 곧바로 흥분하며 반응하는 어른들과 당황한 아이들의 모습을 목격한 것이다. 한편, 아이들이 의사표시를 하지 않는 모습에도 의문을 갖게 되었다. 아이들이 '왜?'라는 의문을 갖지 않는 소극적인 태도는 그가 이해되지 않던 부분이었다. 아이가 하나의 인격체를 형성하는 과정에서 자신을 표현하고 의문을 갖고 문제를 해결해 가는 연습이 필요하다는 이야기다. 아이들이 끊임없이 반복되는 실수를 통해 배워가는 과정에서 어른들은 너그러워야 한다. 아이의 실수를 용서하고 새로운 기회를 주어야 한다는 것이다. 안네는 노르웨이 교육에서 기본적으로 아이를 대하는 어른의 태도가 다르다는 점을 알게 되었다.

안네는 언젠가 영어 공부를 하는 한국 청소년들과 만날 기회가 있었다. 자신과 만난 자리에서 아이들은 서로 눈치만 보며 굳게 입을 닫고 있었다. 처음엔 청소년들 태도가 이해되지 않았다고 한다. 나중에 그 이유를 알게 되었다. 청소년들은 잘못된 발음이나 틀린 단어를 이야기하는

2013년 서울시립미술관에서 진행했던 나의 프로젝트NORDIC PASSION의 니팅 워크숍에 함께하고 있는 안네. 한국 어린이들과 학부모들에게 그의 손기술을 기꺼이 나누어 주고 있다. 그는 겸손하며 자신을 드러내지 않고 프로그램이 잘 돌아가도록 조용히 그가 약속한 역할에 책임지는 모습을 보여주었다.

노르웨이 전통 농가의 한가롭고 평화로운 모습.

것이 부끄러운 행동이라고 믿고 있었다. 안네는 왜 그렇게 청소년들이 학습에 방해가 될 정도로 두려워하는지 궁금해 했다. 그 이유를 안네는 한국의 사회 분위기에서 파악하게 되었다. 청소년들이 자신의 잘못을 지적당하는 것이 두려워 입을 닫고 있던 모습이 안타까웠다고 한다. 안네는 함께 만난 청소년들이 용기를 갖고 소리 내어 발음하고 질문하도록 친절히 다가가며 격려했다. 하지만 모두들 얼음같이 앉아 있더라는 것이다. 청소년들이 입을 열지 않는 이유는 실수에 대한 두려움을 오랫동안 갖고 있었다는 이야기다. 그 후에도 청소년들을 만난 자리에서 공통적인 태도를 보았다며 어른들이 아이들에게 너무 완벽함을 요구하는 것 아니냐고 묻는다. 외국어 발음은 사람들이 서로 다른 발성을 가지고 있어 누구나 일치하지 않은 발음을 하게 된다. 외국어는 입에서 저절로 튀어나오도록 연습해야 한다. 외국어는 반복하여 소리를 내면서 점점 원단어에 가까운 소리를 내는 것이 자연스러운 현상이다. 안네는 실수에 대한 어른의 너그러운 태도가 필요하다며 아이는 실수를 통해 배우게 되니 실수만큼 큰 스승은 없다고 했다.

안네는 한국에 머무는 동안 재한 외국인 부녀회 활동을 통해 다양한 사회 봉사를 하기도 했다. 노르웨이 문화를 알리는 일은 물론 한국문화를 이해하기 위한 모임과 봉사활동에도 적극 참석했다. 그녀의 봉사활동은 어디서든 자연스럽게 몸에 배어 있었다. 자신이 어릴 때 경험한 사회봉사에 대한 가치는 언제 어디서든 같은 기준으로 적용된다.

Tollbod-naustet

아버지의 가르침은 현대 도시 생활에도 영향을 주었다. 자연 환경을 바라보는 시선은 일관성을 갖는다.

MERCURY
10

어릴 때 배우고 실천해 온 이웃에 대한 배려와 나눔에 대한 철학은 한국에 살면서 똑같은 기준으로 적용하며 활동했다. 그녀에겐 한국사회가 또 하나의 따뜻한 이웃이었다.

안네는 일반적인 다른 북유럽 사람들처럼 뜨개질을 좋아한다. 짬이 날 때마다 뜨개질한다. 안네의 가방 안에는 뜨개질을 위한 실과 바늘이 늘 준비되어 있다. 기차나 버스와 같은 대중교통을 이용하거나 카페에 앉아서도 뜨개질을 한다. 그가 만든 작은 니트 소품들은 지인들에게 선물하거나 대부분 연말 이웃돕기 자선금 마련을 위해 사용된다.

한동안 내게 정리되지 않던 세월호의 아픈 기억은 안네와 대화를 하면서 명쾌하게 정리되었다. '왜?'라는 물음 없이 어찌 살아갈 것인가? 그의 짧고 분명한 소리였다. 안네의 가슴엔 노란 리본은 없지만 세월호를 겪는 아이들 편에서 마음 아파하고 있었다. 그는 자신의 일처럼 슬퍼하고 괴로워했다. 그리고 화가 난다고 했다. 아이는 국경을 초월하고 인종을 초월하여 모두가 살펴야 할 미래라는 것이다. 그에게 세월호의 아픈 기억은 이미 한 나라의 벽을 넘어 공감의 세상으로 확장되어 있었다. 그는 우리가 지금 아이들 앞에서 어떤 얼굴을 하고 있는지 반문한다. 이유 불문하고 아이들 편에서 친구 같은 따뜻함을 표현하는 그에게 큰 위안을 받았다. 겉으로 요란한 사람보다 열린 마음으로 다가온 그의 진심은 사랑과 격려로 다가왔다. 아이들 마음을 품고 사는 지속가능한 일에 대한 열정을 되살리는 시간이었다.

'왜?'에서 출발하는 노르웨이 교육

노르웨이 교육은 아이들이 '왜?'라는 의문에서 출발한다. 아이들이 학교교육에서 끊임없이 의문을 갖도록 하는 노르웨이 교육 환경은 일찌감치 내게 흥미로운 관심의 대상이었다. '왜?' 에 대한 의문은 각자의 자유로운 발상과 무한한 가능성을 열어놓는 출발점이라고 생각하기 때문이다. 하나의 정답을 갖지 않고 각자의 호기심으로 의문점을 찾아가는 과정은 얼마나 흥분되는 일인가? 각자 품는 의문들은 교육과정 속에서 사회를 향해 나가는 에너지가 되고 동기부여를 갖는다. 노르웨이 학교 과정을 돌아보는 동안 무한한 질문 속에서 다양한 생각과 발상을 거침없이 쏟아내는 아이들과 청소년들의 모습을 보았다. 취재하는 동안 그 활발한 아이들과 만나며 난 마치 나의 어린 시절로 돌아간 것처럼 신나고 유쾌했다.

노르웨이 친구들과 만나며 늘 인상 깊게 느꼈던 부분이 있다. 사람을 대하는 태도가 진지하며 친절하고 유머가 넘쳤다. 그렇게 배려하고 긍정적인 느낌을 주는 태도는 과연 어디에서 오는 걸까? 그 호기심은 내가 북유럽 교육 환경에 관심을 갖게 된 계기다. 그동안 프로젝트를 진행하면서 만났던 사람들은 각자의 위치에서 중요한 책임을 가진 사람이거나 건축가, 예술가, 디자이너, 교사 등 전문 직종에서 일하는 사람들이었다. 프로젝트를 통해 만나 협력하는 동안 그들은 한결같이 겸손

다양한 연령대의 아이들이 팀이 되어 세찬 물살에 도전한다.

했고 어떤 문제 앞에서도 관대한 모습으로 대화하려고 했다. 예기치 못한 상황에서도 당황하거나 피하지 않고 객관적인 사항들을 먼저 살피는 차분함 속에서 닥친 문제에 유연하게 대처하는 모습이었다. 서로 이견이 있을 때도 상대방을 인정하는 태도를 먼저 취한다. 그리고 상대방의 기분을 배려하며 기분 좋게 대화를 이어간다.

일하면서 그들에게 바다 같은 평온함을 느끼곤 했다. 그 덕분에 난 그동안 북유럽 디자인 프로젝트를 이어가며 만난 노르웨이 친구들과 더욱 친분을 쌓아가면서 교류하고 있다. 북유럽 사람들이 살아가는 환경을 경험한 후 사회를 보는 관점이 달라졌다. 교육을 통한 인간 내면의 진지함과 관대함이 어떻게 사회를 직시하고 건강한 사회를 이루는지 탐험하게 되었다.

안나와 할아버지의 여름 프로젝트

6살 안나는 정원의 고목을 바라보며 상상한다. 나무 꼭대기에 작은 나무집을 짓고 싶다는 꿈을 꾼다. 마음속으로 상상하던 나무집을 그림으로 표현했다. 안나의 그림을 본 할아버지는 6살 손녀가 최초로 구상한 건축 디자인의 꿈을 이루어 주기 위한 여름 프로젝트를 계획했다. 할아버지 스바네 프로데는 건축가다. 스바네는 6살짜리 손녀의 그림을 기초로 건축적인 구조와 기능을 생각했다. 안나가 디자인한 나무 위의 집은 어른이 지어주는 집이 아니라 아이들과 함께 망치질을 하며 만들어가야 한다고 생각했다. 아이들과 함께하는 작업을 위해 가장 먼저 안나의 아버지로부터 허락을 받았다.

할아버지는 기본 구조를 위해 기초작업을 시작하였지만 실제 작업과정에서는 가능한 아이들이 스스로 참여하도록 계획했다. 아이들이 작업과정을 통해 분명 실용적인 기술을 경험하고 배울 것이란 점을 알고 있었기 때문이다. 직접 그림을 그린 안나는 집 짓는 과정에서 망치질을 하며 강하고 열성적인 모습을 보였다. 할아버지는 자신의 공구들을 모두 내놓고 아이들이 안전하게 사용하도록 했다. 필요한 나무 자재들은 조금씩 자전거로 실어 날랐다. 나무집을 짓는 동안 안나의 친구들과 이웃사람들은 그 광경을 지켜보며 함께 즐거워했다. 무엇보다 아이들에게는 나무토막에 못질을 하며 스스로 만들어가는 과정 자체가 놀이였고 선물 같은 경험이었다. 한여름 축제처럼 안나의 여름집이 나무 위에 지어졌다. 나무 위 집이 완성되자 '어른 출입금지'란 푯말이 붙여졌다. 아이들 세계를 이해하는 너그러운 어른들 시선이다. 이제 안나는 상상했던 그림 속 나무집에 친구들을 초대하며 행복을 만끽하고 있다. 건축가 스바네는 그동안 아이들을 위해 여러 채의 나무 집을 지었지만 이번에 손녀의 꿈을 이룬 한여름 프로젝트가 가장 의미 있고 성공적인 사례였다고 말한다.

6살 안나는 정원에서 고목을 바라보며 꿈을 꾸고 있다.

안나는 상상하던 나무 위 작은 집을 직접 그려보았다. 안나의 할아버지는 건축가다. 할아버지는 나무 주변을 살피고 안나의 그림에서 집의 토대가 되는 기본 구조물을 만들었다. 할아버지는 손녀를 위해 자신이 가지고 있던 공구와 재료들을 공급했다.

안나와 사라 그리고 친구들은 망치로 못을 박으며 나무 위 집 짓기에 함께 참여했다. 할아버지는 아이들이 작업 현장에서 실질적인 경험을 하며 배우게 될 것으로 믿었다. 집 짓는 과정에 친구들과 이웃이 방문했다. 아이들에겐 모든 과정이 놀이처럼 즐거운 순간이었다. 안나는 꿈꾸던 집이 완성되어가는 과정을 보며 행복해 한다. 드디어 나무 위 안나가 꿈꾸던 집이 완성되었다. 할아버지는 나뭇가지를 다치지 않도록 구조 설계를 하고 디테일한 부분은 직접 작업했다.

안나의 아버지는 이웃 친구들이 자유롭게 정원을 오가도록 울타리를 허물고 아이들이 쉽게 열고 닫을 수 있는 나무 문을 달아주었다. 할아버지와 안나의 여름 프로젝트는 성공적으로 이루어졌다. 상상하던 집을 만들어 가는 과정에서 못과 망치를 든 안나는 열정적인 모습을 보였다. 실질적인 기술까지 터득하게 된 6살 아이의 경험가치를 할아버지는 마음속으로 믿고 있다. 해가 바뀌고 안나의 꿈의 집 주변은 봄기운으로 아름다운 벚꽃이 만발하였다.

풀숲에서 자라는 아이들

건축가 스바네 프로데는 자신의 아이들이 어릴 때부터 거칠게 자라도록 자주 자연을 찾았다. 아이들은 어릴 때부터 깊은 숲속에서 나무, 바위에 기어오르며 스스로 울퉁불퉁한 자연의 생김을 즐기며 생활했다. 오슬로 시내에 살지만 언제든 외곽으로 조금만 나가면 울창한 숲을 만나게 된다. 아이들에게 숲속은 사계절 자연의 변화를 감지하며 감각을 키우는 놀이터였다. 신나는 놀이를 통해 두려움 없이 도전하는 태도를 배우는 장소였다. 스바네는 아버지로서 아이들이 자연에 스스로 적응하며 행복해 하는 모습을 지켜보았다. 아이들이 성장하며 어떤 환경에서도 어려워하지 않고 창의적으로 대처하는 태도는 자연이 스승이었기 때문이라 말한다.

도시생활에서도 숲과 함께해야 한다는 스바네의 생각은 그가 그동안 디자인했던 아이들 놀이 환경이나 조경 디자인 콘셉트에서 강조한 부분이다. 그는 여러 나라에서 아이들 놀이 환경을 만들어가는 전문가들과 네트워크를 통해 교류하며 자연 생태계에 대한 메시지를 전하고 있다. 그 스스로 자동차보다는 자전거를 이용하고 이웃과 경계를 허물고 일상적인 에코라이프를 실천하고 있다. 그는 아이들이 자연에서 놀이처럼 즐기며 행복해 하는 모습을 기록하며 아이들 놀이 프로젝트에 참여하는 전세계 친구들에게 메시지를 전하고 있다. 아이들 표정과 몸

무한한 자연을 경험한 아이에게서 공간을 넘나드는 대범함과 두려움 없는 도전정신을 엿보게 된다. 아이들에게 자연은 그 자체로 놀이터다.

짓에서 아이들이 얼마나 환상적인 세상과 만나고 있는지 상상하게 된다. 나무와 바위를 기어오르며, 흙을 만지고 씨앗을 심으며 꽃피는 시간을 기다릴 줄 아는 아이들. 거칠게 자란 아이들이 어떤 사회 어떤 세상과 만날지 아는 아버지는 아이들이 세상을 스스로 찾아 가도록 열어 놓는다. 자연에서 터득하는 아이들 행복 속에는 아버지의 믿음과 격려가 함께한다.

숲 산책길에서 쓰러진 나무 위에 오르는 일은 아이들에게 탐험하는 신나는 놀이다. 아이들은 어른 도움 없이도 바위를 기어오르는 방법을 터득한다.

노르웨이 학교 디자인

물질보다는 정신이 우선하는 북유럽 사회를 경험하면서 노르웨이 교육 환경에서 다른 점이 있음을 인식하게 되었다. 테이블 주위에서 만난 노르웨이 친구들은 대화하면서 관대함과 위트 있는 태도로 주위를 행복하게 했다. 그 여유롭고 일관성 있는 태도는 어떤 배경에서 가능한지 궁금했었다. 인간과 자연의 공존, 민주적인 사고방식, 친근한 사회를 이루며 사는 사람들 배경에는 분명 다른 교육 환경이 있음을 감지하게 되었다. 10년 전 노르웨이 교육 환경에 대한 나의 관심은 학교 디자인을 수행하는 건축가들을 만나면서 자연스럽게 그 배경을 쫓는 동기부여가 되었다. 함께 프로젝트를 진행했던 노르웨이 건축가들과 노르웨이 대사관의 배려로 노르웨이 학교를 방문하는 기회가 구체적으로 주어졌다. 학교 디자인 설계 후 마무리 작업 과정을 살피는 건축가들을 따라다녔다. 건축가들의 바쁜 일정에 합류하면서 상상하지 못했던 다양한 콘셉트의 학교를 방문했다. 새롭고 혁신적인 공간에 들어서며 벅찬 감정을 느꼈다. 공공 건축 영역에서 학교 디자인이 얼마나 중요한지 알게 되었다. 교육 전문가를 만나 왜 학교 디자인이 필요한지 학습능률과 어떤 관계에서 중요한지 들을 수 있었다. 교육현장에서 교사와 아이들을 만나 이야기를 나누는 경험은 내게 커다란 배움의 시간이었다. 교육 환경이 미치는 영향에 대한 의문을 풀어가는 소중한 시간이기도 했다. 노르웨이 사람들이 학교 디자인을 통해 구현하는 민주적인 교육 환경에 대한 근본 생각을 좀 더 구체적으로 알 수 있었다. 학교는 아이들에게 어떤 영향을 미치는지, 건축가들의 디자인 철학이 어떻게 폭넓게 적용되는지 공감할 수 있었다. 민주적인 사고방식을 담은 공공 건축과 디자인을 삶의 본질에서 더 가깝게 관찰하는 시간이었다. 건축 디자인의 전문 영역을 보편적인 일상에서 재발견하게 되었다.

학교는 사회를 연습하는 행복한 생활 공간이다

북유럽 교육은 공통적으로 모든 학생에게 균등한 고등교육의 기회를 보장하는 공교육이다. 학교교육에서 가장 중요한 목표는 모두가 평등한 학교생활을 통해 행복한 사람이 되는 일이다. 통합 교육과 같은 교육 시스템을 통해 학생들은 학교에서 일찍 사회를 경험한다. 학교는 단순 지식을 전달하는 곳이 아니라 아이들이 가정의 연장선에서 차별 없는 사회를 경험하는 곳이라 말한다. 즉, 학교는 사회를 연습하는 행복한 생활 공간이다. 아이들이 느끼는 행복한 공간에 대한 교육철학을 바탕으로 학교 디자인은 출발한다. 노르웨이 학교 디자인은 오랫동안 전문 건축가나 학자들에 의해 혁신적으로 발전되어왔다. 교육 환경에서 학교 디자인이 무엇보다 중요하다고 생각하는 교육 전문가와 건축가들은 학교가 사회적 상호작용을 증진할 수 있도록 연구하고 협력해 왔다. 독창적이고 행복한 생활공간으로 간주되는 학교 디자인은 최근 현대 노르웨이 건

기에르드룸Gjerdrum 중학교.

축에서 더욱 돋보이는 콘셉트을 선보이고 있다. 오늘날 학교 디자인은 단순히 학교 건축물로만 존재하는 것이 아니라 아이들이 가정처럼 편하고 행복하게 지내는 공간이다. 학교에서 친구들과 어울리며 사회성을 기르도록 정신적 육체적으로 안정된 공간이어야 한다는 점을 강조한다. 노르웨이 교육 전문가는 학교 환경을 조성하는 일은 아이들이 즐거운 마음으로 학교에 갈 수 있도록 하기 위함이라고 했다. 무엇보다 아이들 신체와 행동을 규격화하지 않고 배려하는 일은 학교 디자인에서 지켜야 할 중요한 원칙이다. 학교는 아이들이 행복을 느끼는 곳이어야 한다.

독창적인 학교 디자인과 건축가의 디자인 철학

노르웨이 학교 디자인을 살피기 위해 만났던 건축가들에게서 다양한 문화 경험과 철학을 엿보게 되었다. 거친 자연에서 보냈던 어린 시절의 경험은 건축가로서 책임을 갖는 일 속에 자연스럽게 녹아든다고 했다. 건축을 공부하는 학교 과정에서 더욱 철저하게 자연에 대한 세계관을 갖게 되고 노르웨이 지역 특성을 살리는 지형구조를 공부한다. 학교 디자인을 설계하기 위해 최대한 생긴 지형을 관찰하고 학교 콘셉트를 생각한다. 건축가의 창의적인 디자인 바탕에는 통합적이고 열린 사고에서 출발하는 기획력이 돋보인다.

건축가들은 학교 디자인을 설계하기 전, 다양한 각도에서 주변 현장을 살피고 다른 분야의 전문가들과 리서치하는 시간을 보내며 콘셉트에 집중한다. 설계 단계에서 건축가는 주민, 학교 관계자와 충분한 의견을 주고받는 실질적인 과정을 거치며 영감을 받는다. 설계를 위한 아이디어는 현장에서 주변의 생태적인 환경을 고려하는 일에서부터 출발한다. 평평한 지형보다는 바위와 언덕진 비탈길을 살리고 지역 특성을 살리는 콘셉트를 고안하기까지 현대와 과거를 잇는 시간을 넘나들며 연구하는 시간도 필요하다. 노르웨이 학교 디자인에서 주변 환경을 고려하고 지형의 생김에서 영감을 받는 독창적인 건물 구조가 눈에 띄는 배경이다.

예전에는 학교의 기능이 한 가지로 정해져 있었지만 현재 학교의 역할과 기능은 달라졌다. 주민들의 여가 활동이나 평생 교육 프로그램 등에 사용되는 다양한 기능을 갖춤으로써 학교는 지역의 주요 공공시설물 가운데 매우 중요한 역할을 맡게 되었으며, 건축 환경에서 계속 변화를 시도하고 있다.

현대 학교 건축의 특징은 공간과 공간이 유연하게 연결되어 열린 공간을 추구한다. 투명한 유리벽을 통해 관망할 수 있는 공간은 확장된 기능을 갖추고 있다. 학교의 열린 공간 아이디어는 학생들이 친구들과 서로 만나고 사회 생활로 이어지도록 최대한 배려하는 의미를 갖는다.

현대 노르웨이 학교 건축에서 공통점은 건물과 주변 환경의 상호작

학교에 울타리는 없다. 현관문을 열고 나가면 곧장 마을과 연계된다. 현관문을 들어서면 나타나는 학교 로비는 학생들이 자유롭게 만나고 소통하는 광장 같은 곳이다.

학교 실내공간은 창의적인 디자인 개념으로 복도를 따라 투명한 색상의 유리벽이 열린 공간감을 더해 준다.

용을 중요하게 생각한다는 점이다. 개성이 돋보이는 학교 디자인 개념에는 지역에서 추구하는 교육철학이 담겨 있다. 따라서 학교 건축은 주거환경과 지역 특성을 고려한 독창적인 모습으로 설계된다. 마을 사람들이 고대하는만큼 건축가는 설계 이전에 학교가 들어설 지역의 특성을 공부한다. 어떤 콘셉트로 학교가 운영될 것인지 파악하기 위해 마을 사람들과 소통한다.

독창적인 학교 디자인 안에는 분명 지켜야 할 원칙들이 있다. 학교로 들어가고 나가는 문들은 모두 개방된다. 학교에 담을 쌓지 않는다. 학교가 사회 안에서 소통해야 한다는 점에서 주변 마을과 자연스럽게 연계성을 갖는다. 학교 주변에는 어떤 상업적인 시설도 들어설 수 없다. 건축자재는 위생적이고 친환경적인 것을 사용한다. 에너지 자원 절약을 위해 열효율성을 반드시 고려해야 한다. 추운 겨울 환경에서 사는 사람들의 오랜 전통이 적용된다. 큰 유리창을 내어 자연광선을 최대한 이용하고, 주변 자연 풍광이 그대로 시각적으로 투영되도록 설계한다. 공간을 활용하는 기능 면에서는 최첨단 시설을 갖추며, 인테리어는 나무와 같은 친환경적인 자재로 마감한다. 특히 소음에 민감한 북유럽 사람들은 실내공간에서 방음을 위한 구조벽과 마감재를 꼼꼼하게 적용한다. 학교 디자인에서도 마찬가지로 소음 차단을 위한 디자인은 중요하다. 노르웨이 학교 디자인에서는 밝은 색상을 조화시켜 과감하고 유희적으로 사용하는 특징이 있다.

복도 곳곳의 공간에서 학생들은 그룹별로 토론하며 자유롭게 수업한다.

마리엔리스트 학교 정문을 들어서면 건물 2층 높이의 열린 공간은 광장 같은 곳이다. 전교생이 다 함께 모여 행사를 하는 공간이다. 나무 계단식 극장처럼 설계된 이 장소는 아침 조회같이 전교생이 모두 함께 정보를 공유하는 장소가 되기도 하고, 크고 작은 단위의 미팅 룸으로 활용된다.

학생들이 모여 발표회를 할 수 있도록 조명시설도 갖추고 있다. 방과 후에는 지역 주민들의 모임이나 마을의 공식 행사 등 다용도 공간으로 활용되기도 한다.

학교 복도 주변에 학생들이 자유롭게 휴식하며 친구들을 만나도록 배려하는 가구가 놓여 있다.

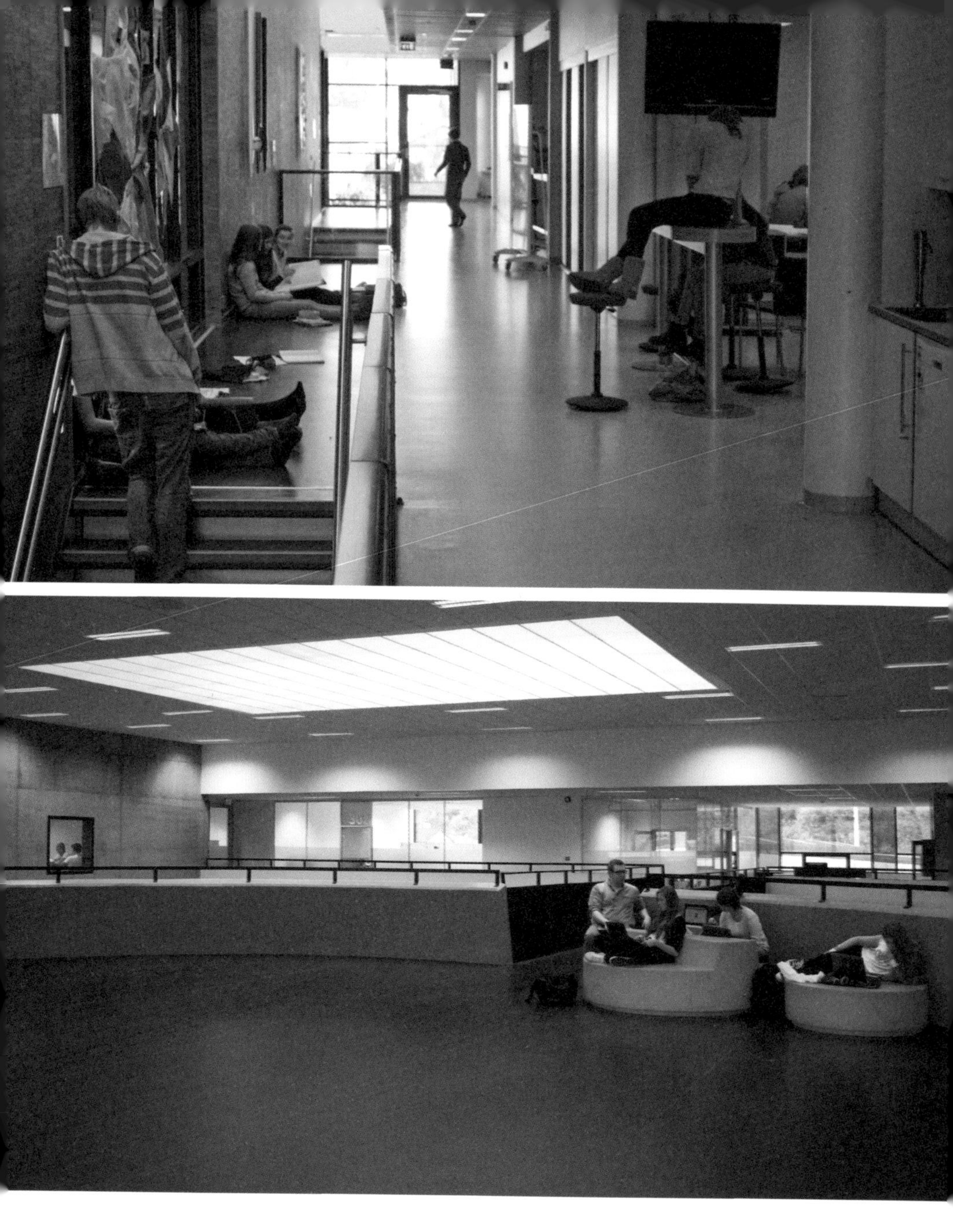

학교수업은 아이들 스스로 그룹을 만들어 프로젝트를 제안하고 수행하는 방식이다. 학교 공간은 아이들이 만나 자유롭게 활동할 수 있도록 오픈되어 있다.

옛날의 전통적인 교육 방법이 더 이상 적용되지 않는다는 사실을 학교 공간 디자인에서 살필 수 있다. 수업은 교사가 주도하는 것이 아니라 학생들에 의해 진행된다. 학교는 학생들이 결정한 프로젝트의 가능성을 실현하도록 지원하고 격려한다.

학생들은 프로젝트별로 친구들과 그룹을 만들어 스스로 연구하고 협력하면서 배운다. 학교는 학생들이 그룹 활동을 통해 자유롭게 활동하며 사회를 배우는 과정이라고 한다.

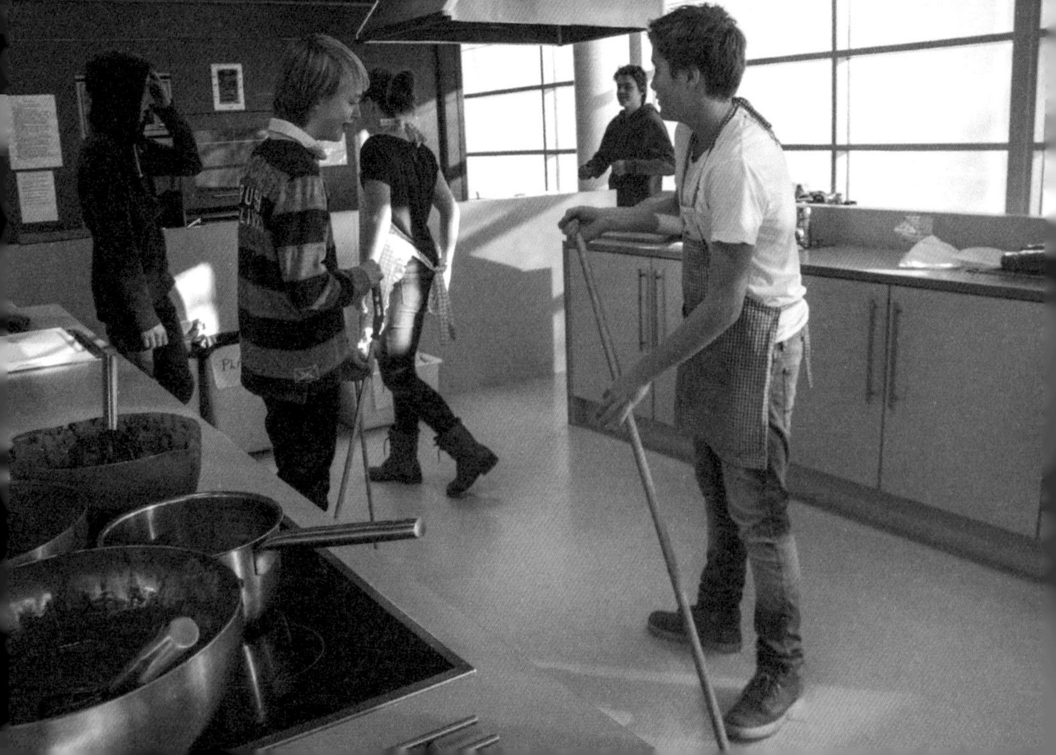

링스타벡 학교 학생들이 요리 실습으로 피자를 구웠다. 학교 주방에서 만난 학생들은 경제 연구 프로젝트를 수행 중이다. 학교는 학생들의 프로젝트 연구활동을 위해 일정 비용을 지원한다. 학생들은 학교가 지원한 비용으로 사전에 계획한 메뉴대로 재료를 사고 주방에서 직접 음식을 만든다. 점심시간의 피자 판매를 목표로 프로젝트에 참여한 학생들은 피자를 굽고 학교를 돌며 부지런히 판매도 한다. 다행히 피자는 모두 팔렸다. 정산을 위해 테이블에 모인 학생들이 동전을 세고 있다. 원금은 다음 재료 구입을 위해 남겨두기로 의견을 모은다. 약속대로 이익금은 전액 기부금으로 쓰일 예정이다. 학생들은 돈 버는 일보다는 친구들과 함께 프로젝트를 수행하며 사회생활을 위한 연습에 더 흥미를 갖는다. 재료를 구입하고, 음식을 만들고, 판매하는 일까지 직접 경험하는 과정을 즐긴다. 온종일 음식 만드느라 어지럽혀진 주방 청소는 물론 능숙하게 정리정돈까지 모두 함께 마친다. 주방 도구와 시설이 잘 구비되어 있는 학교의 대형 주방은 수업이 끝난 후 마을 주민들이 행사를 위해 사용하기도 한다.

간결한 구조로 설계된 기에르드룸 중학교는 2007년 초청 공모에서 1위를 차지했다. 2010년에는 노르웨이 정부가 수여하는 권위있는 건축상Byggeskikkspris을 수상했다. 주변의 넓은 풍경을 배경으로 지면을 접어 올린 것 같은 건물 벽면과 지붕구조 아래 중요한 학교 기능이 들어 있다.

학교 외부에는 서로 대조되고 보완되는 도시와 녹지라는 특성이 있다. 인접한 야외 공간이 있는 학교 건물은 미래 스포츠 시설과 함께 기능적이고 건축학적 특성을 모두 갖춘 일관된 복합 단지로 조성되어 있다.

기에르드룸 중학교 학생들이 방과 후 친구들과 시간을 보내고 있다. 강렬한 색상으로 조화를 이룬 학교 내부 분위기는 집처럼 안락한 가구들로 배치되어 있다.

자연 채광이 내부까지 연결되는 내부는 기능적으로 열린 공간이다.

ABCDEFGHIJ

샌드네스시 근처에 위치한 부게랜드 초등학교Buggeland Primary School. 예전에 농장과 숲이었으며, 현재 이 건물은 지역 문화센터로서 중요한 역할을 하고 있다.

카루스 초중학교에는 다목적 홀, 다양한 스포츠와 지역사회를 위한 대형 공원이 자리 잡고 있다. 디자인 개념은 새로운 세대를 위한 사색적이고, 유쾌하며, 전통적이고, 놀랄 만한 환경을 만드는 것이었다. 학교 부지는 소나무로 뒤덮여 있고, 노출 암석이 주변 지역보다 15~20m 높이 솟아 있다. 건물을 짓기 어려운 가파른 언덕마루라는 매우 어려운 여건이었지만, 기존의 경관 특성을 해치지 않기 위해 노출 암석을 활용하려고 노력했다. 자연 경관이 매우 직접적인 방식으로 통합되면서 서로 다른 고도는 전체 디자인의 일부가 됐다. 그 결과 건물 외부와 연계성을 가진 3층짜리 학교 건물이 완성되었다. 초등학교와 중학교에는 16개의 교육 공간이 있다. 각각의 공간마다 보도를 통해 접근하는 입구가 하나씩 있는데, 보도는 학교의 서로 다른 구역들을 연결해 준다. 모든 학년의 학생들이 학교 안뜰과 놀이 공간에서 다양한 경험을 즐길 수 있다. 카루스 학교 설계의 주요 개념은 '최상의 교육 환경'을 창조해 내는 것이었다. 학교는 영감과 창조적인 분위기를 제공하는 장소여야 한다. 학교는 지역사회를 위해서도 다양하게 사용되어야 하며, 크고 작은 활동을 위한 공간을 필요로 한다. 건축 설계팀은 이러한 목적을 달성하기 위해 최선을 다했다. 이 학교의 환기 시스템은 '자연 환기를 바탕으로 한다. 양쪽 측면의 타워를 통과한 공기가 아래쪽 건물 내부로 공급된다. 고도의 차이와 학교의 규모 때문에 매우 어려운 과제였지만, 결과적으로 뛰어난 환기성과 공기의 질을 보장할 수 있었다. 색채와 가구들은 학교의 개성을 드러내는 동시에 전체적으로 조화를 이루도록 선택되었다.

건축가는 주변 지형을 살리고 자연 환경을 디자인에 반영한다.

기존의 경관 특성을 해치지 않기 위해 노출 암석을 활용하려고 노력했다. 자연과 경관은 매우 직접적인 방식으로 통합되며, 서로 다른 고도는 전체 디자인의 일부가 됐다. 그 결과, 건물 외부와 연계성을 가진 3층짜리 학교 건물이 완성되었다.

재건축으로 새롭게 탄생한 뵌스모엔 초등학교

뵌스모엔Bønsmoen 초등학교는 노르웨이 에이스볼Eidsvoll에 위치하고 있다. 뵌스모엔 학교는 1960년대 말 지어진 낙후된 로홀트 중학교를 리모델링하고 새로운 건물이 추가되었다. 새로운 설계에서는 같은 형태가 반복되는 기존 기둥을 원형으로 바꾸고 색상으로 대비시켰다. 기존의 엄격한 스타일의 창문 시스템은 다양한 리듬감을 가진 창문들로 교체됐다.

작은 마을에 위치한 뵌스모엔 초등학교는 학년마다 한 학급인 작은 규모의 초등학교다. 각 학년마다 교실로 들어가는 원통형 입구가 따로 있다. 교실은 반개방형 공간으로, 학년별 개별 학습 공간과 큰 그룹을 위한 공간, 다양하게 활용될 수 있는 공용 구역과 연결되어 있다. 각각의 교실은 서로 다른 색상으로 구분되어 있으며, 모든 색깔은 따뜻한 계열로 전체적인 조화를 이룬다. 학교 중앙에 위치한 개방적이고 여유로운 분위기의 공용 공간은 동쪽 부분과 서쪽 부분을 연결한다.

지하 구역으로 접근하는 위치에는 채광이 가능한 커다란 원형극장을 배치했다. 원형극장은콘서트나 연극 공연을 개최하는 학교건물의 랜드마크로 지역사회가 모이는 공공장소로 활용된다. 뵌스모엔 학교 디자인의 목표는 기본 학교 영역과 특수 영역 및 주요 공공 영역이 서로 긴밀하고 유연성 있게 활용되는 통합된 학교를 설계하는 일이었다.

각각 다른 학년별 출입구로 아이들은 자유롭게 드나든다. 학교건물 주변에 울타리는 없다.

아이들이 드나드는 입구에는 학년별로 방한복을 걸어 두는 옷장과 사물함이 있다.

PRIVATE STAVER / SKI
PRIVATE STAVER

눈 쌓인 운동장은 신나는 눈썰매장이 된다. 한겨울 스키는 학교와 집을 오가는 유용한 교통수단이다. 학교 출입구에 아이들 스키 보관함이 놓였다.

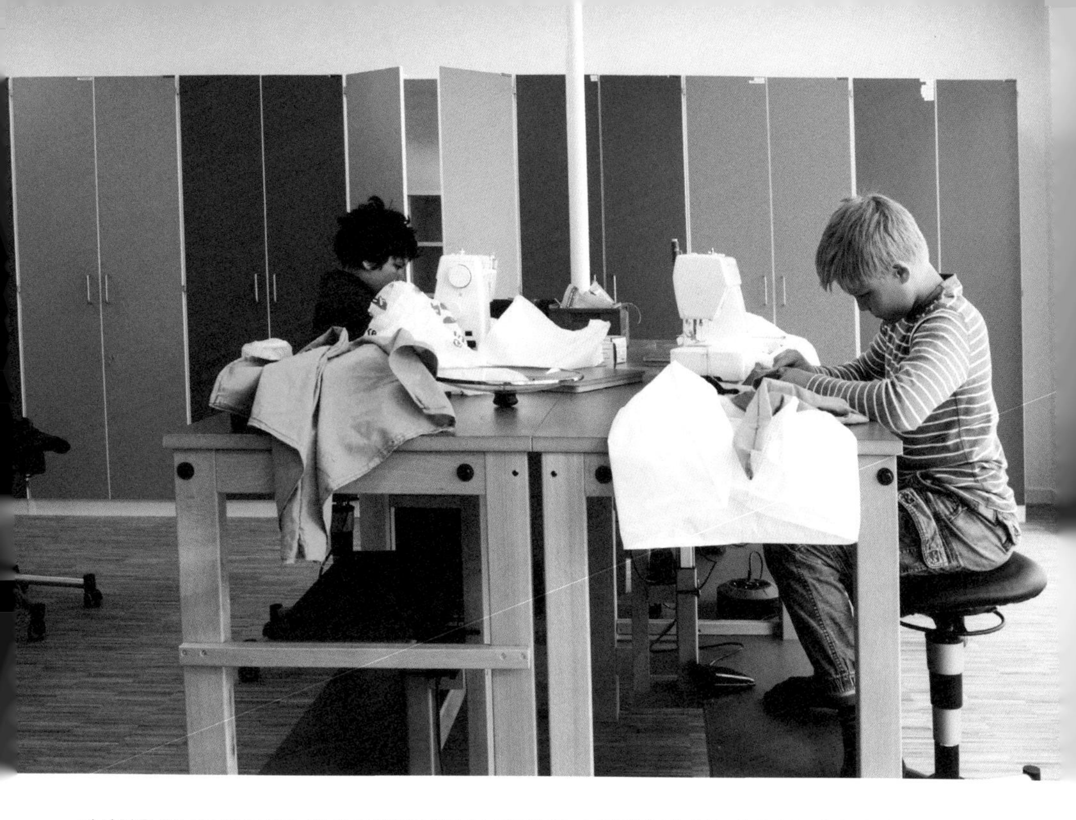

가사실을 안내하던 교사가 특별히 제작된 테이블 디자인을 소개한다. 가사실 테이블은 여러 가지 용도로 사용하기 위해 기능을 추가했다. 평소, 재봉틀은 테이블 아래 감추어져 있다. 작은 손잡이를 잡고 조각처럼 맞추어진 판을 들어내면 재봉틀을 테이블 위로 올려 사용할 수 있다.

교사는 아이들이 지루한 모습을 보일 때 수업 환경을 바꾼다고 한다. 일반적인 책상을 물리고 다른 분위기의 가구로 바꾸어 주는 것만으로도 아이들이 흥미를 갖는다. 수업을 연장하기 위해 집중력을 키우려는 교사의 생각이 반영된 아이디어다.

학교 실내공간은 위생적이고 실용적이다. 교실마다 작은 부엌 시설과 냉장고가 놓여 있다. 한 교사가 냉장고 문을 열어 보여주며 아이들이 깨끗하고 실용적인 학교생활에서 가정생활과 차이가 없는 안정감을 갖는다고 말한다. 아이들 스스로 위생 개념을 지킨다.

방과후 아이들을 위한 환경

좋은 시설을 갖춘 학교에서 아이들은 학교를 집처럼 따뜻하고 안정된 생활공간으로 생각한다. 방과후 교실에서는 특정한 프로그램을 운영하기보다는 아이들이 자유로운 시간을 보낼 수 있는 공간을 제공한다. 아이들은 또래의 친구들과 어울려 시간을 보낸다. 아이들 공간은 흥미를 유발할 만한 가구, 조명, 놀이시설이 있을 뿐이다. 아이들이 자유롭게 휴식하며 지내는 공간도 있다. 체육관에서 친구들과 스포츠 시설을 이용하고 즐거운 게임을 하며 놀기도 한다.

꽁꽁 얼어붙은 외부 환경과 달리 따뜻한 실내 체육관이 있다. 한겨울 더 많이 이용하는 체육관에는 아이들이 맘껏 뛰어 놀 수 있는 환경에 다양한 실내 운동기구가 설치되어 있다.

STIGA

방과후 시간을 보내는 공간에도 주방시설과 쾌적한 위생시설은 필수다.

아이들이 방과후 시간을 보내는 공간이다. 방과후 아이들은 강렬한 색상과 조명 가구가 배치된 디자인 공간을 즐기며 휴식하거나 친구들끼리 시간을 보낸다.

쾌적한 교사 휴게실

교사가 행복해야 아이들도 행복하다. 학교 전체 공간에서 보이는 편하고 행복한 디자인 콘셉트 중 일부다. 교사 휴게실은 카페처럼 푸근하고 실용적이다. 교사는 아이들에게 집중하기 위해 적당한 휴식을 취해야 한다. 학교 생활에서 교사들이 협력하고 논의하는 장소다. 교사의 일과에서 보고서나 서류를 작성할 필요는 없다. 교사는 아이들을 위해 집중한다. 교사들은 자율적으로 아이를 위한 프로그램을 구상하고 실현한다. 동료 교사들과 정보를 교환하고 협력을 위한 모임에서 어떤 지시나 제약도 받지 않는다. 교사에게 주어진 자유롭고 자율적인 권한은 교사 스스로 책임을 다하며 아이들을 위해 에너지를 쏟아 붇는 태도를 갖게 한다. 어릴 때부터 자유로운 환경에서 자율적인 태도를 갖게 된 사람들이 교사가 된다. 교사는 그 누구보다 아이들의 미래를 위한 학교생활이 무엇인지 경험을 통해 자신의 역할을 판단한다. 노르웨이 사회가 지향하는 목표만으로 교사는 충분히 아이들을 위해 학교가 어떤 생활 공간이 되어야 하는지 생각한다. 교사들 간에 더 많이 이야기하고 협력관계를 넓히는 이유다. 교육은 누구에게 보이기 위한 일이 아니고 보고서 작성이 필요한 일이라고 생각하지 않는다는 교사는 아이에게 더 많은 시간을 집중해야 한다고 말한다. 다양한 아이들을 대하는 교사는 그만큼 에너지를 많이 소비한다. 아이를 차별하지 않는 사회에서 교사가 취하는 태도는 분명해 보인다. 아이를 위해 교사는 끊임없이 연구하고 스스로 배움을 놓지 않는다. 교사는 시간을 내어 다양한 악기를 배우거나 스포츠를 즐기고 취미 활동에 적극적이다. 그 다양한 활동은 자신의 생활에 활력을 불러 일으키는 한편 아이들 앞에서 좀 더 너그럽고 실용적인 수업이 가능하게 만든다. 수업에서 아이들이 지루해하거나 이해가 부족한 경우 교사는 자신이 배운 다른 분야의 경험을 통해 융통성 있는 수업으로 이끌어간다. 학교에서 교사는 자기 주도적인 계획을 세우고 실현한다. 교사들 간에 터놓고 협력하며 수업을 이끌어 가는 과정에서 실수도 하지만 솔직하게 오픈하고 개선해 간다.

공부 잘한 사람들이 시험성적만으로 교사 자격을 가질 수는 없다. 학교과정에서 아이들을 1등과 꼴등으로 등수를 나누지 않는 북유럽 사회에서는 분명 다른 관점으로 교사의 자격이 결정된다. 교사를 직업으로 선택하는 사람들은 아이에 대한 사랑과 배려가 깊고, 미래를 긍정적으로 바라보는 사회적 책임을 갖는 사람들이다. 교사가 되기 위해 대학에 지원하는 젊은이들은 인터뷰를 통해 왜 자신이 교사가 되려고 하는지 충분히 표현해야 한다. 교사가 되고자 지원한 예비교사들은 대학과정에서 지식이 아니라 아이들 행복을 위한 교사의 역할을 위해 다양한 경험을 쌓는다. 아이들을 좋아하고 자율적 책임감이 강한 사람들이 교사가 된다. 교사가 되기 전의 예비교사들은 사회의 다양한 교육기관에서 경험을 쌓기도 한다. 또한 학교 수업에 파견되는 실습은 매우 중요한 과정이다. 교사가 되기 위해 수업 참관은 물론 직접 아이들과 소통하고 자신의 배움을 적용하는 실질적인 연습 기간이 필요하다. 교사가 된 후 교육 지침 매뉴얼 없이 자기 주도형 수업으로 이끌어 가며 능력 발휘를 하는 배경이다.

교사는 다른 교사들과 협력하는 자리를 스스로 갖는다. 모두가 평등한 관계에서 행복한 아이들 학교생활을 위해 집중하는 데 에너지를 쏟는다.

교사 휴게실에서 진지한 교사들의 모습은 누구에게 보고하거나 리포트 작성을 위한 일이 아니다. 아이들을 위한 자발적인 의무감에서 스스로 역할을 즐기는 일이다.

오슬로에서 한 초등학교를 방문했다. 안네의 주선으로 1학년의 흥미로운 수업에 참관했다. 담당 교사의 허락을 받고 교실로 향하는 아이들 뒤를 따라 교실에 들어섰다. 교사 알렉스는 아이들에게 한국에서 온 방문객을 소개했다. 일제히 내게 눈을 돌려 호기심 어린 눈빛을 보이는 아이들. 교사는 따뜻한 인사말과 함께 한국이 어디에 있는지 찾아보자며 아이들을 스마트보드에 집중시킨다. South Korea를 찾으니 아이들에겐 낯선 지역이 나타났고 교사는 낯선 한국에 대해 더 알아볼 수 있도록 아이들에게 질문을 던진다. 아이들의 호기심 어린 시선을 받으며 교사의 요청으로 난 한국에 대해 간단히 설명했다. 아이들이 집중한 모습을 보며 난 아이들이 무엇을 알고 싶어하는지 물었다. 여기저기서 각자 다른 호기심 어린 질문들이 쏟아진다. 예기치 않은 요청에 난 아이들이 궁금해할 만한 일들이 무엇인지 잠시 생각했다. 한국에서 사계절 맛을 즐기는 날씨 이야기를 들려주었다.

교사는 아이들 호기심을 격려하며 세상은 얼마나 넓고 다양한 사람들이 살고 있는지 이야기한다. 분명 예정된 수업 내용은 아니었지만 교사의 유연한 수업 진행에 모두들 즐거워했다. 교사의 수업은 놀이처럼 계속되었다. 교사가 노래를 부르며 멜로디를 들려 주자 아이들은 리듬을 타며 몸을 들썩거린다. 숫자를 익히는 시간이었다. 한참을 선생님 몸짓과 함께 리듬을 타며 박자를 세던 아이들은 결국 숫자 놀이였음을 알아차린다. 아이들은 숫자를 암기하기보다 교사의 몸짓에 호응하며

Telenor
uth Korea
10.49
93 %
Search for "South Korea" near me
outh Korea
W E R T Y U I O P
S D F G H J K L Ø
X C V B N M
mellomrom
Søk
Dd Ee Ff Gg Hh Ii Jj Kk Ll Mm Nn Oo Pp Qq Rr Ss Tt Uu Vv Ww Xx Zz Ææ Øø
Nonsence song
ping pong

수를 놀이로 익힌다. 난 아이들과 함께 선생님의 몸동작을 따라하며 흥미로운 수업에 빠져들었다.

수업이 끝난 후 교사 알렉스에게 수업 방법에 대해 질문했다. 그는 어린아이들은 무엇보다 교실에서 편하고 즐거워야 한다며 진지한 수업은 나중에 얼마든지 기회가 있을 것이라고 답했다. 교사 알렉스는 무엇보다 아이들이 모두 함께 어울리며 서로 차별하지 않는 행복한 교실을 생각한다. 아이들 눈높이에서 아이들 심리를 관찰하고 모두 다른 개성을 지닌 아이들을 만나는 일을 천직으로 생각한다. 교실에서 밝고 명랑한 수업을 진행하는 것은 자신의 최선의 의무라 했다.

학교에서 우선 생각하는 일은 아이들이 서로 차별하지 않고 소외되는 아이들 없이 지내는 일이다.

어떤 집안 환경이나 사회적 배경을 가지고 있는 아이들이라도 학교에서 함께 어울리고 친구로 지낼 수 있도록 격려한다. 아이들은 복도 곳곳에 놓인 테이블에서 친구들과 함께 그룹을 이루어 수업하기도 한다.

학교는 마을이다

Smart School As a Concept

학교 건축 공사 현장에서

노르웨이 건축가 피터를 따라 그의 팀에서 설계한 학교 증축시공 현장을 방문한 적이 있다. 베르겐시의 외곽 아스쾨이라 불리는 작은 섬에 있는 중등과정의 학교는 한창 공사중이었다. 공사 현장과 떨어져 있는 옛 건물에서 수업중인 학생들은 2개월 후 증축하는 새 건물을 사용하게 된다. 학생들이 새 건물에 들어가면 옛 건물은 리모델링할 계획이다. 새로 증축중인 학교 공간은 이전 학교와는 다른 콘셉트로 완전히 새롭고 변화 있는 공간으로 바뀌게 된다. 인테리어 공사 현장 마무리 작업에 들어간 작업자들은 교실 벽면에 가늘고 긴 나무들을 붙여가고 있었다. 섬세하게 작업하는 모습이 인상적이었다. 독창적인 학교 공간 디자인에는 고급스러운 나무 재료를 사용하고 품질 좋은 가구를 사용할 계획이라 했다. 작업 현장은 즐겁고 유쾌한 분위기였다. 공사 현장에 있는 사람들은 모두 자신의 집을 짓는 사람들처럼 정성을 다하는 모습이다. 건축가 피터는 그가 감리하는 현장에서 작업자와 친절한 소통이 중요하다고 말한다.

직접 목공 작업도 하며 학생들을 가르치는 건축가 피터는 작업자들의 시공과정을 세밀하게 검토한다. 사전에 공정과정을 이해하고 시공 기술자와 충분한 대화를 통해 계획했기 때문이다. 독창적인 디자인을 수행하기 위해 건축가의 창의성과 기술자의 장인정신이 어떻게 조화를 이루는지

공사 현장은 작업하는 사람들이 위생적이고 안전하게 작업할 수 있는 환경을 갖추고 있다. 크기가 다른 창문들이 지그재그로 벽면을 장식한 모습이 단순해 보이지 않는 시공 현장이다. 기술자는 창의자의 의도를 이해하고 가능한 시공기술을 찾아낸다.

증축된 클레페스퇴Kleppestø 학교 모습.

생각해 보는 자리였다. 디자이너와 기술자는 멋진 협력 관계에 있다.

학교 시공현장에서 만난 건축가와 기술자는 간단하지 않은 시공 과정에 대해 이야기하고 있다. 기술자는 창의적인 작업을 하는 사람을 존중하며 기술적으로 어떻게 실현 가능한지 찾아내는 일은 자신의 몫이라고 한다.

건축가의 창의성과 시공 기술자의 유쾌한 소통 현장을 보며 완성된 학교 공간을 상상했다. 실제로 아이들이 새로운 공간에서 어떤 생활을 하게 될지 더욱 궁금해졌다. 학교 증축 공사 현장을 다녀온 후 3개월이 지나 다시 학교를 방문했다. 공간이 만들어지는 시공 현장에서 상상했던 아이들이 새로운 학교 공간에서 생활하는 모습을 보았다. 건축가 피터가 설명했던 대로 학교가 마을처럼 설계된 디자인 콘셉트를 실감하는 시간이었다.

학교를 증축하는 프로젝트는 지역사회가 성장하면서 학교와 기타 공공 서비스 시설에 대한 요구에 의해 지자체가 실시하는 도시계획에 포함된다. 1972년 세워진 클레페스퇴Kleppestø 중학교를 리모델링하고 추가 신축하는 일은 그 배경에서 실행되었다. 클레페스퇴 중학교는 학급당 30명 학생이 각각 일곱 개 반으로 형성되어 전교생 630명을 수용하는 규모다.

학교 프로젝트는 건물 신축이 50퍼센트이고, 50퍼센트에는 기존 콘크리트 건물을 리모델링해 목공실과 가사실 등 학생들이 학교활동을 하기 위한 시설이 들어설 계획을 세웠다. 학교 증축과 리모델링에 필요한 구조설계는 도시계획에서 영감을 얻어 진행했다고 한다. 학교 증축과 리모델링에 관한 아이디어를 구체화하기 전에 건축가는 여러 차례 지자체와 학교 관계자 그리고 마을 주민들과 만나 의견을 주고받는다. 프로젝트를 맡게 된 피터는 건축 회사 포르투넨Fortunen과 팀을 이루었다. 학교가 마을에서 어떤 기능을 더 수행할 수 있는지 의견을 나누고, 학교가 기능적으로 필요한 부분들을 구체화하면서 디자인 콘셉트를 잡았다. 다양한 전공자들이 학교 건축 설계에 참여했다. 건축 설계팀에는 건축을 전공한 사람들뿐 아니라 그래픽 디자이너, 인테리어 디자이너, 가구 디자이너, 조경 엔지니어 등이 함께 참여한다. 설계팀은 디자인 과정에서 엔지니어링 팀 기술자들과도 사전에 기술적인 자문을 구하고 디자인을 발전시켜 나간다.

실제로 디자인에서 좀 더 창의적인 형태가 요구되면 기술자들은 디자인이 실현되도록 자신이 가진 기술력을 향상시키기 위해 더 많이 연구한다. 창문을 지그재그로 내면 벽을 쌓는 일에서 그만큼 시간과 노력이 더 많이 들고 안전문제도 고려해야 한다. 기술자들은 벽을 어떻게 쌓아야 안전한지 아는 사람들이다. 안전하게 쌓는 기술을 바탕으로 미적인 감각을 가미한 디자인이 가능하도록 자신의 기술을 새롭게 시도하는 일에 긍정적이다. 건축 디자이너와 시공기술자가 협력해 독창적인 완성품을 만들어가는 현장을 지켜보며 어떻게 해야 최고 수준의 건축이

클레페스퇴 중학교는 노르웨이 서쪽 해안 베르겐시 외곽의 아스쾨이 섬에 위치하고 있다. 지역사회가 성장하고 학교와 기타 공공 서비스 시설에 대한 요구가 증가하면서 이러한 요구를 수용하기 위해 1972년에 세워진 클레페스퇴 중학교의 리모델링과 증축이 결정되었다. 프로젝트의 50%는 건물 신축, 50%는 기존 콘크리트 건물의 리모델링이었다. 건축회사 포르투넨은 도시계획에서 영감을 받아 건물 구조를 계획했으며, 세 개의 건물이 지붕이 있는 보도로 연결되어 있다. 신축 건물의 공사가 진행되는 동안 구건물에서는 수업이 진행되었고, 신축 건물이 완공된 이후 구건물의 리모델링이 시작되었다. 구건물은 스포츠센터와 취미 활동 부대시설 등 마을 주민과 공동으로 사용할 수 있는 공간으로 이루어져 있다.

가능한지 알 수 있었다. 또한 전문가의 생각이 사회에 어떤 영향을 미치는지 다시 생각하는 계기가 되었다.

마을과 소통하는 학교

새로 증축하게 될 학교 건물은 지역 주민들이 주말과 주중 저녁 시간에 여가 활동이나 평생 교육 프로그램을 위해 사용하게 될 것이다. 설계 단계에서 건축가와 주민, 학교 관계자가 충분한 의견을 주고받으며 아이디어를 실용적으로 발전시키는 과정을 함께했던 덕분이다. 학교 구내식당 주방은 넓고 쾌적한 공간으로 요리하기에 완벽한 설비를 갖추고 있다. 이웃사람들은 학교 수업이 끝난 후 모임이나 파티를 위해 학교 주방과 로비 또는 학생들이 모이는 오픈 공간을 활용하게 된다. 학교 식당은 주민들의 요리 강습 프로그램을 위해 사용되기도 한다.

학교는 단순히 학생과 교사들만을 위한 공간이 아니다. 수업이 없는 주말이나 저녁에는 주민을 위한 다양한 여가 활동 장소나 회의 장소로도 사용된다. 학교 운동 시설이나 운동장도 주민과 공유하며 효율적으로 사용하고 있다. 오늘날 학교는 지역의 주요 공공시설물로서 그 역할과 기능을 다하고 있다. 그만큼 건축가들은 혁신적인 건축 디자인을 위해 더욱 창의적인 생각을 가다듬고 다양한 영역의 전문가들과 협력해야 한다.

피터의 안내로 증축된 학교가 어떤 콘셉트로 설계되었는지 살펴보았다. 그는 학교 환경에서 아이들이 최대한 편하고 즐거워야 함을 강조한다. 그는 학교 복도를 가리키며 마을길이라 했다. 복도가 갈라지는 지점에서 마을처럼 큰길과 작은 길이 양옆으로 나누어진다고 설명한다. 작은 길 끝에는 학생들이 자유롭게 밖으로 드나드는 통로가 있다. 큰길, 작은 길이 모이는 중심은 광장이며 학생들 모두가 함께 모일 수 있는 장소라고 한다. 큰길과 작은 길들이 교차하고 만나는 곳에 광장이 있는 것처럼 마을을 연상케 하는 것이 학교 콘셉트라는 것이다. 마을이 학교 콘셉트인 이유는 학교가 작은 사회를 연습하는 곳이라는 의미다.

마을에 큰길이 있고 골목길이 있듯이 학교에도 그렇게 다양한 길이 필요하다는 것이다. 아이들이 필요할 때 자유롭게 드나들 수 있어야 한다며 복도가 끝나는 곳에는 모두 마을로 통하는 출입문을 냈다. 수업 후 휴식시간에 아이들은 복도의 큰길, 작은 길에 놓인 다양한 휴식공간에서 만나고 헤어진다. 학생들이 지루하지 않은 학교 생활을 통해 사회를 경험할 수 있도록 공간을 설계하였다는 그의 철학은 명쾌했다. 아이들이 학교에서 온종일 지내도 신나고 즐거운 이유다. 전문 건축가의 철학은 단순히 설계만으로 끝나지 않는다. 디자인에 담긴 디테일을 완성 단계까지 참여하며 발전시킨다. 철저하게 감독하고 책임지는 전문가의 모습이다.

새로운 교실에서 수업중인 아이들. 햇살 좋은 창가에서 아이들은 친구들과 뜨개질을 하고 있다. 가사 시간에 아이들이 재봉틀 앞에서 실습을 하고 있다. 손으로 만드는 모든 과목을 가르치고 있다는 교사는 재봉틀 앞에서 시범을 보인다.

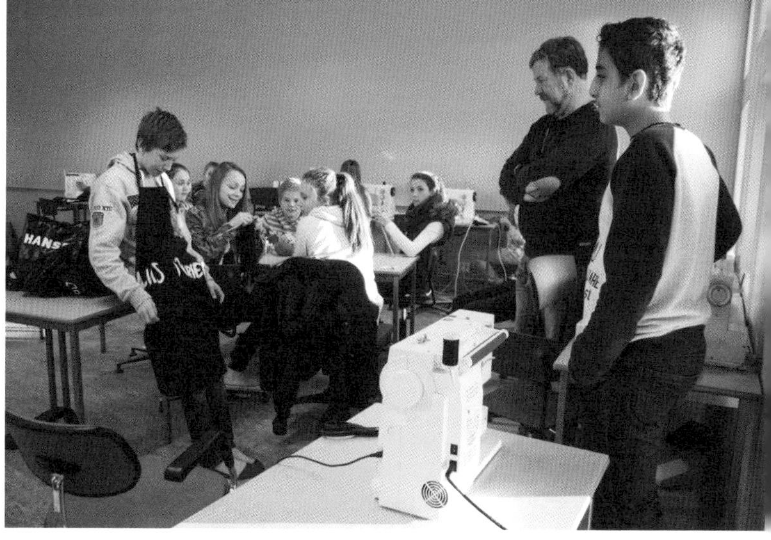

한 아이가 지난 가사 시간에 만든 앞치마를 선보인다. 직접 수를 놓아 이름까지 새겼다며 자랑한다. 쾌적한 공간에서 행복해 하는 아이들 모습을 보니 3달 전 시공작업 현장에서 만났던 사람들의 미소가 스쳐간다. 그들은 진정 아이들이 이렇게 밝고 행복한 공간에서 생활하게 될 것이라는 사실을 믿고 있었을 것이다.

교실 복도에는 학생들이 사용하는 개인 사물함이 있다. 학교 다니며 무거운 짐을 들고 다니지 않아도 된다. 쉬는 시간에 개인 사물함 앞으로 아이들이 모여든다. 사물함 앞에서 아이들은 친구들과 만나 대화한다.

복도를 오가는 곳에 마련된 사물함과 휴식 공간은 아이들이 친구들을 만나고 헤어지며 작은 사회를 경험하는 광장 같은 곳이라 한다. 학교 복도에는 학생들이 또래 친구들과 만나고 쉬는 공간이 다양하게 마련되어 있다. 복도는 마치 마을을 형성하는 큰길과 작은 길처럼 교차한다. 복도 끝에는 자유롭게 밖으로 드나드는 통로가 이어진다.

건축가와 함께 시공 현장을 돌아보며 정성 들여 작업하던 사람의 손길을 보고 어떤 마감이 될지 궁금했다.

완성 후 다시 찾은 복도, 계단 난간, 교실 벽면의 완성도.

학교 공간에서 눈에 뜨인 실용적인 디자인. 방음재를 사용한 교실 천장.

낯선 방문자를 코믹한 표정으로 맞는 학생들. 장난기 섞인 몸짓으로 교실 복도를 오가는 학생들이 즐거워 보인다.

학교를 둘러보던 중 세계 여러 나라에서 이주한 학생들이 노르웨이 언어를 배우고 있는 한 교실을 발견했다. 아직 노르웨이 말이 서툰 학생들이 다른 친구들과 잘 어울릴 수 있도록 노르웨이 문화와 언어를 가르치는 프로그램을 따로 마련하고 있다. 학생들이 어디에서 왔든 앞으로 노르웨이 사회에 적응하려면 언어를 익히고 다른 문화를 이해하고 존중하는 태도를 기르는 일이 필요하다. 가정 형편이 어려운 아이들이지만 학교에서는 차별 받지 않고 공부하도록 적극 지원한다. 다른 문화권에서 온 아이들에게 노르웨이 아이들과 동등한 환경에서 교육 받을 수 있는 원칙을 적용한다. 아이들이 이질적인 문화에 안심하고 적응하도록 교사는 관대하고 친절한 태도로 다가간다. 교사는 아이가 자신감을 갖도록 격려하는 일도 중요하다고 말한다.

학교에서 바라 보이는 마을 전경. 학교는 마을 환경을 고스란히 담아내고 있다.

다음 학교를 방문하기 전에 건축가 피터가 일하는 사무실Fortunen을 찾았다. 점심 초대를 받아 주방으로 자리를 옮겼다. 사무실에는 매력적인 주방이 있다. 노르웨이 사람들은 일터에서 일하는 사람 모두가 함께 사용하는 수준 높은 편의 시설을 갖추고 있다. 쾌적한 환경에서 편하고 즐겁게 일한다. 주방은 회사내 가장 중요한 편의 시설이다. 특별한 일 아니면 미팅 시간을 줄이고 각자 맡은 일에 집중하지만, 점심시간만큼은 카페 같은 주방에서 동료들과 함께 테이블에 둘러 앉는다. 점심시간은 동료들과 마주하고 빵과 커피를 나누며 대화하는 시간이다. 테이블 앞에서 지위와 권위는 찾아볼 수 없다. 유쾌하고 유머 가득한 대화로 웃음소리가 끊이지 않는다. 마치 행복한 가족 같은 모습이다. 왜 노르웨이 학교 공간이 유쾌하고 행복한지 알 것 같다. 아이들 공간을 상상하고 디자인하는 사람들이 어떤 행복한 에너지로 일하는지 가까이에서 보며 느낀 감정이다.

디자인에 경험이 많은 피터가 일하는 건축회사 사람들은 계절마다 일하는 동료들과 함께 산을 오른다. 험한 산을 오르고, 스키를 타고, 높은 고원지대를 여행한다. 아름다운 자연을 탐험하는 일은 어릴 때부터 경험한 익숙한 일이다. 건축가, 디자이너, 조경을 담당하는 동료들이 함께하는 여행은 사무실 밖에서 필요한 휴식을 취하며 영감을 떠올리는 시간이다.

실용가치를 배우다

Professional Values and Practice

노동 가치를 경험한다

북유럽 사람들은 노동자에 대한 이해와 존경심에서 생산자와 소비자가 사회적 균형을 이루며 지속성을 유지한다고 믿는 속에서 노동환경에 대한 사회 시스템을 구축해 왔다. 노동자 인권을 보호하고 노동자를 동등하게 대우하는 환경이 생산 효율성을 높이고 품질을 유지하는 길이라고 믿는 사람들은 노동자와의 관계를 주종의 관계가 아니라 협력의 관계로 생각한다. 노르웨이 사람들과 일하면서, 그들이 일상에서 생각하는 노동 가치가 늘 인상 깊게 느껴졌다. 노르웨이 사람들에게 노동의 의미는, 일상에서 누구나 필요한 몸동작으로 간주된다. 그 몸동작에 의한 효율성을 직접 생활에 접목시킨다. 그들이 일상생활에서 유난히 노동을 즐기는 현장을 목격하게 되는 이유다. 여름휴가 동안 직접 집을 고치고, 이웃을 배려하는 공공 작업에 자원봉사자로서 기분 좋게 참여한다. 일상에서 크고 작은 정원 가꾸는 일 역시 빼놓을 수 없는 즐거움이다. 사람들은 노동 현장에서 몸을 사리지 않고 협동한다. 도구를 효율적으로 다루며 사용한다. 노동하는 사람들을 따로 구분하거나 다르게 대우하지 않는다. 어떤 직위나 위치에 있는 사람이라도 몸을 움직여 땀나는 노동의 과정을 즐긴다. 노동환경이 보장됨으로써 수준 있는 제품이 만들어진다고 믿는 사람들 이면에는 어릴 때부터 자연스럽게 노동을 즐기고 노동 가치가 효율적으로 나타나는 현상을 직접 경험하고 배우는 과정이 있다. 노동에 대한 태도와 가치 개념은 곧 어릴 때 경험한 교육과정을 통해 나타난다. 노르웨이 학교 디자인에 관심을 두고 탐구하면서 살폈던 학교 현장에서 분명 그 실천과정을 목격하였다. 학교 디자인 설계에는 아이들이 안전하고 실질적인 경험을 필요로 하는 실습공간이 포함된다. 목공, 가사는 기본이고 생활에서 실질적으로 필요한 기술을 경험하기 위한 시설이 학교에 마련된다. 어릴 때 학교 과정에서 실습하고 몸으로 경험했던 작업은 결국 학교 과정의 단순 체험으로 끝나는 것이 아니라 일상에서 즐기며 실질적인 생활수준에 적용된다. 학교 과정의 체험을 통해 노동기술직에 흥미를 갖게 된 아이들은 쉽게 기술직업을 선택하는 동기부여가 되기도 한다.

체험을 통해 배운다

학교에서 일찌감치 노동기술직을 미래 자신이 즐기는 일로 선택하고 준비하는 학생들을 만났다. 어떤 환경에서 어떤 과정을 통해 자신의 미래를 키워가는지 노르웨이의 한 기술학교 프로그램을 살펴보는 시간이었다. 기술직을 갖기 위한 학생들은 학교에서 실질적인 체험을 통해 노동의 즐거움과 가치를 먼저 배우고 있었다. 한 실업고등학교 실습실에서 집 짓는 실습을 하고 있는 학생들은 먼저 나무 재료를 탐구한다.

학교 실습실에서 학생들은 실제 작업 현장처럼 1:1 구조물을 만들고 재료 다루는 경험을 한다. 실습에 참여한 학생들은 직접 무거운 재료와 공구를 나르기도 한다. 작업 후 사용한 도구와 재료들을 제위치로 돌려

놓는 일도 중요한 실습과정에 포함된다. 실습실은 늘 청결을 유지한다. 작업하면서 주변 환경을 정리하는 태도는 일의 효율성을 높이기 위한 일이다. 학생들은 노동 현장을 좋은 환경으로 만들어 가는 책임도 갖는다.

학생들이 팀을 이루어 벽면 타일 붙이는 실습을 하고 있다. 목구조물로 벽을 만들고 반평 크기의 욕조 공간을 타일로 붙여 가는 중이다. 실제로 시멘트를 섞고 벽을 만들어 타일을 붙이는 과정에서 비례를 맞추며 정교하게 마무리하는 단계까지 경험한다. 학생들은 팀을 이루어 협력하고 서로 다른 생각을 보완하면서 즐거운 작업으로 이어간다. 실습을 통해 다양한 도구를 익히고 안전하게 사용하는 노동 환경을 스스로 만들어 간다.

집을 짓는 데 필요한 기술을 익히기 전에 각종 도구 다루는 방법을 배운다. 실제로 작업 현장에서 도구를 기능적으로 안전하게 다루는 법을 연습해야 한다. 학교과정에서 실전과 같은 철저한 교육이 이루어진다. 학생들은 기술직을 선택하기 위해 이미 학교 과정에서 몸으로 터득하고 숙련하는 과정을 거친다. 이론뿐 아니라 실습시간을 통해 어떻게 현장이 완성되는지 경험을 쌓아간다.

학교를 방문했을 때 학생들은 욕조 타일 붙이는 실습을 하고 있었다. 실습실에는 건축 현장처럼 시공에 필요한 도구와 재료들이 갖추어져 있다. 팀을 이루어 작업중인 학생들은 밝은 표정으로 실습을 즐기고 있다. 실습시간에는 교사와 학생 모두 작업복을 입고 있다. 격의 없는 분위기에서 교사들도 학생들과 같은 작업복을 입고 실습중이라 누가 교사이고 학생인지 분간이 가지 않는다. 학생들 스스로 실습을 통해 터득하는 시간이니 말보다는 직접 몸으로 경험하도록 한다는 교사의 말이다. 교사는 작업 후 작업 현장을 정리 정돈하고 도구를 제자리에 놓고 청소까지 마치는 일은 작업자의 기본 태도라 강조한다. 실습 과정에서 학생들은 기술을 배우는 것도 중요하지만, 안전은 물론 청결한 주변 환경에 대한 인식과 책임감도 배운다. 학생들은 미래의 노련한 기술자로서 노동 현장에서 구조물을 만들어 간다는 기대감을 가지고 있다. 학생들은 2년간 학교 실습 과정을 거친 후 사회에 진출하기 전 1년간 실제 현장에서 실습하는 기간을 거쳐야 졸업한다. 산학협동을 통해 사회

현장에서 1년간 실습하는 것으로 학교 공부를 완전히 마치게 된다. 학생들이 현장 실습을 통해 경험을 쌓아야 실질적인 학교 과정을 마친 것으로 인정된다. 대부분의 학생은 1년 실습 과정을 거치는 과정에서 같은 회사에 취직이 되기도 한다. 북유럽의 많은 회사에서는 박사학위를 받은 이론가보다는 현장 기술을 가진 실질적인 사람들의 경험을 더 높이 평가한다. 학생들이 학교에서 쌓아온 경험과 태도를 인정하고 믿어주는 사회적 분위기는 학생들이 기술 직업을 선택하고 선호하는 이유다. 자신이 좋아하는 노동 현장에서 철저한 직업 노동자가 되기를 희망하는 학생들에게 노동 가치를 인정하는 사회는 분명 지속가능한 미래와 이어져 있다.

쾌적한 실습 환경에서 배우는 사회에 대한 신뢰감

실업고등학교에서는 단순히 기술만 공부하지 않는다. 다양한 교양과목을 중심으로 학생들은 토론에 참여하며 사회에 적응하는 데 필요한 인문학적인 소양을 쌓는다. 학생들이 생활하는 학교 공간은 좋은 품질의 가구와 디자인 구조로 완성되어 있다. 학생들은 기술과 연관된 감성을 키우기 위해 매력적인 공간에서 휴식하며 친구들과 취미활동에 어울린다. 종합적인 경험을 바탕으로 학생들은 사회 편견을 줄이고

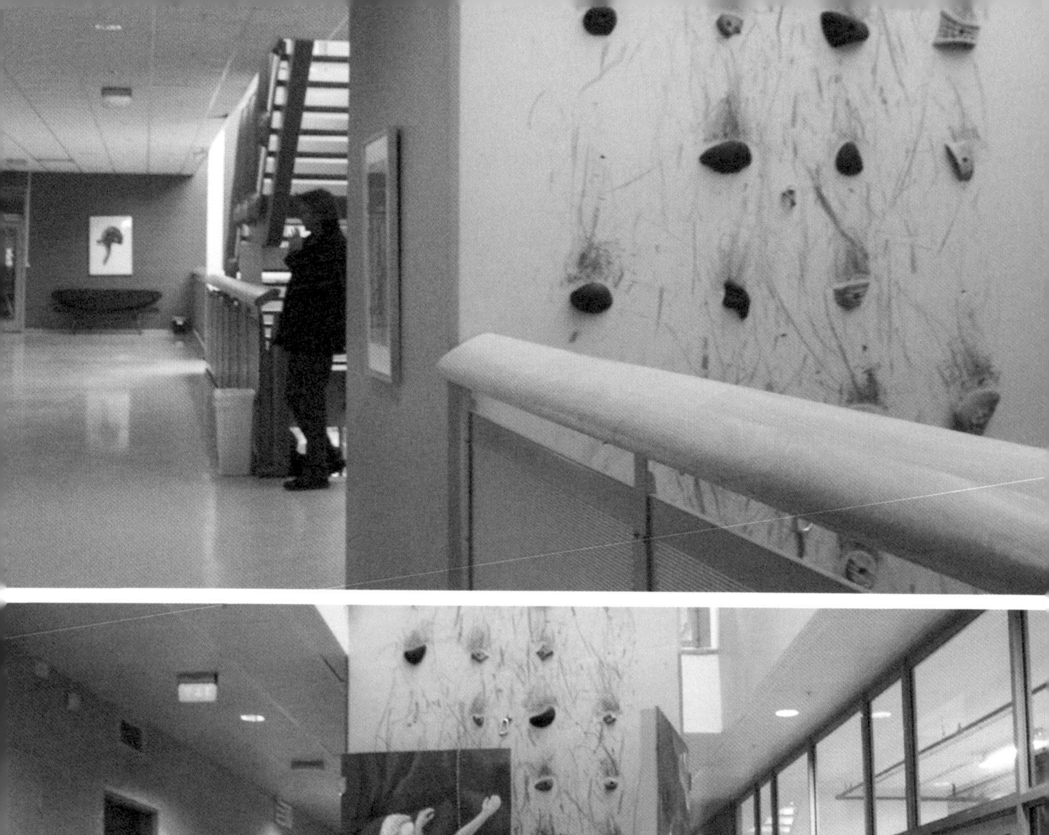

건물 1층과 2층을 잇는 벽면에 스포츠 클라이밍 설치물이 있다. 함께 걷던 건축가는 복도를 지나며 벽화 앞에서 잠시 발걸음을 멈춘다. 그리고 벽화라고 생각했던 벽면을 움직인다. 벽화는 벽오르기를 시작하는 출발선에 있는 두 개의 문이었다. 평소에는 닫아두고 학생들이 이용할 때 문을 열어둔다.

스스로 노동환경을 효율적으로 만들어간다. 최상의 조건에서 공부하는 학생들은 자신이 받은 혜택으로 쌓은 배움을 사회에 기여하는 데 써야 한다고 생각하고 있었다. 기술을 배워 사회 진출을 원하는 학생들은 돈 버는 일이 우선이 아니라 자신의 기술이 사회에 잘 쓰이는 데 더 큰 관심이 있다. 학생들은 자신의 기술이 사회 참여로 이어지고 제대로 평가 받기를 원한다. 수준 높은 기술이 사회에 적용된다면 경제적인 문제는 자연스럽게 해결된다고 믿는다. 학생들은 경쟁심보다는 더불어 사는 너그러운 사회의 일원이 된다는 기대감을 가지고 있다. 노동기술을 자신의 미래로 선택한 청소년들은 힘들고 어려운 노동이 아니라 쾌적하고 안전한 노동환경을 보장하는 사회에 대한 신뢰감을 갖는다. 그 신뢰감으로 청소년들은 안심하고 자신의 직업 선택의 폭을 넓혀간다. 그동안 북유럽 디자인에 대해 가구나 실내용품 등 화려하고 눈에 띄는 것에만 관심을 두고 있었다면, 그 이면에 자리한 일상의 디자인과 노동 가치에 대해 생각해 볼 필요가 있다. 노르웨이 디자인들이 그동안 왜 우리에게 천천히 알려졌는지 생각하게 되는 대목이다. 오래전부터 노르웨이 사람들은 인간에게 필요한 가장 일상적인 부분에 최적의 디자인을 개발하여 사용하고 있었다. 그중에서 주목할 만한 디자인은 바로 노동 환경을 위한 안전복이나 각종 생활도구 등과 같이 눈에 뜨이지 않는 일상적인 것들이었다. 거친 환경에서 일하는 데 필요한 안전복이나 유니폼은 누구에게나 실용적이어야 한다는 생각에서, 효율적인 디자인으로 적용되어 왔다. 노르웨이 디자인이 지속가능하다고 인식되어 온 배경이다. 거친 자연환경을 보전하고 그 원칙을 존중하는 노르웨이 사람들의 성장 과정을 통해 디자이너가 창의적 아이디어를 터득하고, 그들만의 문화를 담은 디자인으로 발전될 수 있었다. 디자이너가 노동 현장을 경험하고 그 실용성과 안전을 보장하는 책임 있는 디자인을 창조하는 일은 너무 당연한 이야기다.

제품을 선보이는 무대를 만들고, 패션 공부를 위해 다양한 재료를 사용하여 입체적인 무대를 만들어 보기도 한다. 창의적인 디자인 공부를 하는 과정에는 예술과 디자인, 건축적 요소를 통합적으로 생각하며 자유롭게 넘나드는 실습 공간이 있다.

교실에서 보이는 아름다운 주변풍경이 창문에 고스란히 담겨 있다.

시각적인 요소를 살리는 일은 노르웨이 학교 디자인에서 중요하게 고려되는 지점이다.

카페 같은 학교 휴식 공간. 학생들은 친구들과 그룹 토론도 하고 식사하는 장소로 사용한다. 학교 건물 내부로 들어서는 현관은 2층 높이까지 오픈되어 있다. 천장과 유리벽을 통해 자연광선이 실내 분위기를 밝게 한다.

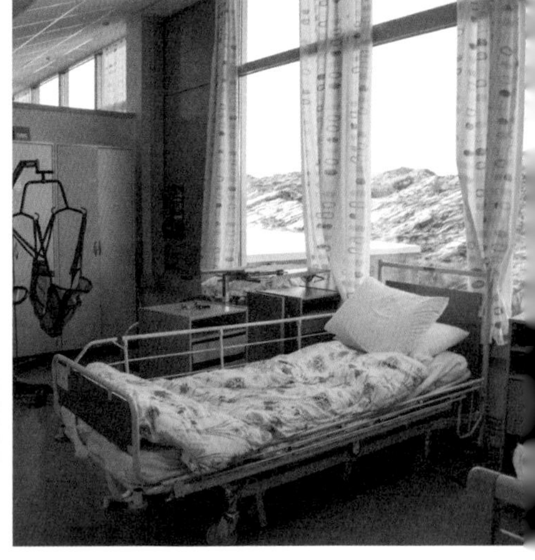

간호원이 되기를 희망하는 학생들이 실습하는 모습이다. 한 학생이 휠체어에 앉아 수업하고 있다. 학생이 일어나 휠체어를 움직인다. 몸이 불편한 사람들을 이해하고 자신도 그 입장이 되어보기 위해 학생들은 번갈아 휠체어에 앉아 수업한다. 실습실 한쪽 옆에는 침대가 놓여 있다. 환자가 사용해야 하는 침대와 도구들을 어떻게 위생적으로 다루고 처리하는지 공부한다. 학생들은 환자를 돌보는 사람들이 어떠한 환경에서 쾌적하고 즐겁게 일할 수 있는지 경험한다.

학생들이 학교에서 스키를 수선하고 있다. 스키나 보드는 추운 지역에 사는 북유럽 사람들에게는 일상적인 스포츠이며 겨울철 교통수단이 되기도 한다. 따라서 학교 등굣길에 스키를 타고 오는 학생들이 많다. 학생들은 학교에서 자신의 스키나 겨울 스포츠 장비들에 직접 왁스를 칠하고 부속품을 수선한다. 생활에 필요한 도구 다루는 방법을 익히고 자신의 물건들은 직접 수선한다.

가을의 공원. 떨어진 낙엽 모으는 일을 하고 있는 사람들. 일하면서 신체에 무리가 가지 않도록 고안된 도구를 사용한다. 추운 곳에서도 오랫동안 작업하는데 문제가 없는 품질 높은 방한복을 착용한다. 기계 소음을 차단하는 헤드기어를 착용한다.

몸을 사용하는 사람들이 노동환경에서 안전하게 일할 수 있도록 좋은 디자인을 개발하고 최적의 노동환경을 제공하여 노동 효율을 높인다. 도구들이 이동차량에 가지런히 정리되어 있다. 일하는 사람들은 편리하고 쾌적한 작업환경을 즐기며 책임감을 갖는다

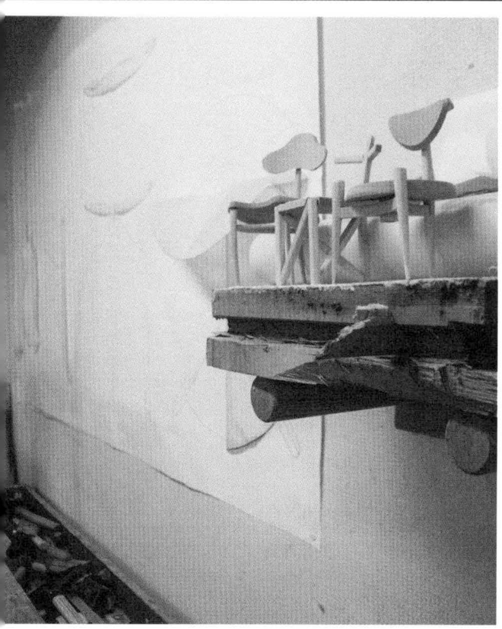

베르겐 아카데미에서 가구 디자인을 공부하는 학생들. 디자인은 재료를 이해하고 공구를 다루는 실질적인 실습을 통해서 배운다. 학생들은 머리로 생각한 디자인을 실현하는 과정에서 직접 재료를 만지고 기계 다루는 기술을 익혀야 가능하다는 사실을 터득한다.

광고 디자인 커뮤니케이션을 공부하는 전문대학 과정의 웨스터달 학교는 옛 오슬로의 산업지구이자 아케르 강가에 위치하고 있다. 초청 경쟁에서 1위를 차지한 건축물은 색 유리창 틈새로 비치는 빛과 지하통로와 연결된 실습공간의 역동적인 공간이 특징적이다.

지하 통로에 연결된 실습실. 학생들은 프로젝트에 필요한 구조물들을 직접 제작하며 통합적인 생각에서 소통한다.

실습실 지하는 노출 천장으로 공간감을 갖는다. 실습에 필요한 다양한 재료와 도구들이 쌓여 있다. 학생들은 1대 1 구조로 가상 스튜디오를 직접 만들어 생생한 현장 경험을 한다.

거리에서 만난 천사들

Life Stages of Trust

노르웨이 학교는 아이들이 사회 연습을 하는 곳이라고 말한다. 노르웨이 학교교육에는 사회와 연계된 프로그램들이 있다. 학생들이 사회와 직접 소통하면서 스스로 배우는 기회를 마련한다. 학교교육에서는 어릴 때부터 사회성을 기르는 것이 무엇보다 중요하다고 강조한다. 학교는 지식을 전하는 곳이 아니라 사회에서 필요한 실질적인 인간관계, 정치, 경제, 문화를 이해하는 곳으로 사회 진출을 위해 풍부한 경험을 쌓는 곳이라고 한다. 학교는 친구들과 함께 사회문제를 바라보며 자신의 의견을 표현하는 열린 공론장이다. 학생들은 일찌감치 사회참여를 통해 경험하며 각각의 개별성이 얼마나 소중한지 배운다. 그 경험의 바탕에 존재하는 가장 큰 배움의 가치는 스스로 알아가는 안전한 사회에 대한 뿌리깊은 신뢰감이다.

오슬로 거리에서 만난 천사들

오슬로 도심의 이른 아침, 미팅에 참석하기 위해 발길을 재촉하고 있었다. 아직 카페, 상점들이 문을 열기 전 아침의 한산한 거리에 유난히 많은 청소년들이 무리 지어 있는 모습이 눈길을 끌었다. 학생들은 두세 명 혹은 대여섯 명씩 그룹을 지어 지나는 사람들에게 밝은 표정으로 인사를 건넨다. 호기심에 바쁘게 걷던 걸음을 멈추자 바구니를 든 학생

학생들이 바구니 덮개를 연 순간 신선하고 달콤한 빵 내음이 코끝을 자극한다. 정성으로 만들어 하나하나 가지런히 담은 바구니 안의 빵들은 아이들 얼굴만큼이나 사랑스러워 보였다. 학생들은 오늘 미션을 수행하기 위해 새벽부터 일어나 빵을 굽고 케이크를 만들었다. 그리고 바구니 가득 담아 온 빵을 팔아서 기금을 마련할 계획이다. 이른 아침 한가한 도심엔 오가는 인적이 드물어 학교 가는 시간에 맞춰서 거리로 나온 학생들은 아직 한 개의 빵도 팔지 못했지만 즐거운 표정으로 말한다. 아직 오늘 하루가 많이 남아 있으니 긍정적이란다. 자신들이 거리로 나온 이유를 잘 알고 있기에 친구들과 함께 캠페인에 참여하는 일은 더 흥미롭고 보람 있다고 한다.

들이 수줍고 어색한 미소를 띠며 가까이 다가왔다. 난 그들이 왜 이른 아침에 거리에 나왔는지 궁금했다. 그들은 나의 질문에 답하며 들고 있던 바구니 속을 보여주었다. 순간 난 이른 아침 찬 공기를 머금고 서 있던 그 어린 학생들에게서 천사 같은 모습을 보았다. 청소년들이 길거리로 나온 이유는 이웃나라 청소년들을 돕는 캠페인에 참여하기 위해서다. 빈곤과 불평등 등으로 인해 정상적인 교육과정을 포기하는 또래 친구들의 인권 문제를 함께 생각하고 나누자는 취지의 캠페인에 동참하는 중이다. 소외되고 빈곤한 환경에서 교육도 받지 못하는 먼 이웃 청년을 생각하는 마음을 표정에서 읽을 수 있었다.

해마다 노르웨이 학교에서는 NGO 단체가 선정하는 글로벌 이슈의 인권 문제에 동참한다. 노르웨이 청소년 프로그램을 통해 동참하는 캠페인은 올해 50주년을 맞는다. 올해 선정된 글로벌 이슈는 아프리카 에티오피아 여학생들이 동등하게 교육 받을 수 있도록 돕는 여성 인권 문제다. 노르웨이 학교에서는 13~19세의 학생들에겐 누구나 자발적으로 캠페인에 참여할 수 있는 기회가 주어진다. 학교 선생님, 부모 모두가 아이들 생각과 선택을 존중한다. 이미 50년 동안 캠페인에 참여했던 어른 세대가 배경이기 때문이다. 노르웨이 학생들은 직접 캠페인에 참여하여 적극적으로 자신의 마음을 전하고 싶어한다. 인권 문제를 위해 캠페인에 참여하는 학생들은 학교 수업을 대신한다. 자발적인 참여라서 학교에 남는 친구도 있지만 거의 대부분 거리 캠페인에 동참한다

학교에서 밴드 활동을 하며 연습하던 다양한 악기들을 들고 거리로 나온 학생들. 거리에서 펼치는 흥겨운 연주를 통해 어려운 환경에 처한 또래 친구들이 멀리 아프리카에서 얼마나 고통 받고 있는지 사람들에게 알리고 있다. 지나는 사람들이 연주에 귀기울이며 감사함의 표시로 건넨 작은 동전들을 모아 기금을 마련한다.

고 한다. 아이들은 거리에서 다양한 방법으로 하루 일과를 수행하며 기금을 모은다. 록 밴드부터 색소폰, 기타를 연주하는 학생들이 자리를 잡고 있다. 한쪽에선 We are the world를 부르며 아름답게 하모니를 맞추는 학생들도 보인다. 캠페인에 참가하기 위해 학생들은 직접 손글씨로 팻말도 만들었다. 학생들 앞에 놓인 손글씨만 없었다면 거리의 전문 연주자로 착각할 정도의 훌륭한 연주로 시선을 끄는 그룹도 있다. 먼 나라에 사는 어려운 친구들을 돕기 위해 그동안 쌓아온 실력을 지금 길거리에서 맘껏 발휘하고 있는 것이다. 학생들이 사회적 이슈에 직접 참여하고 배우는 일은 노르웨이 학교교육에서 가장 실질적이고 중요한 가치를 지닌다.

학생들이 들고 있던 바구니 속 신선한 빵을 하나도 사지 못했다. 이른 아침 공기를 가르며 코끝을 자극하던 빵과 바꿀 동전이 없었기 때문이다. 도움이 되지 못한 아쉬움과 죄스런 마음이 표정으로 보였는지 학생들은 오히려 미소 지으며 날 위로한다. 아름다운 속마음을 이야기해준 친구들에게서 큰 희망을 보았다. 어려운 환경에 처한 친구들의 권리를 찾아 주기 위해 힘이 되고자 거리에 나온 학생들이다. 그들은 구걸하며 기금을 모으는 것이 아니었다. 자신이 가진 최선의 방법을 동원하고 스스로 즐기는 봉사 활동을 통해 정당하게 기금을 마련하는 태도에 감동하지 않을 수 없었다. 거리를 지나치는 사람들에게 직접 구운 빵 바구니를 들추며 어색하고 수줍은 미소로 다가간다. 그리고 동참해 줄 것을 부탁하는 학생들은 거절하는 사람들에게도 예의 바른 인사를 잊지 않는다. 글로벌 이슈에 동참하는 청소년들은 자신이 누리는 행복과 평화를 함께 나누고자 거리에서 낯선 사람들과 마주하는 용기를 낸다. 학생들은 이러한 사회참여를 통해 자신이 누리는 학교생활과 평등한 사회의 뒷받침이 얼마나 중요한지 깨닫는다. 자신들이 속한 안전한 사회 안에서 또 다른 사회를 보는 눈을 키우고 있다고 했다.

거리에서 수줍고 서툰 몸짓의 학생들과 순수하고 따뜻한 눈빛을 교환하며 시간을 보냈다. 천사 같은 친구들을 뒤로 할 수 없어 한참을 머무느라 난 아침 미팅에 늦어 버렸다. 미팅에 늦은 이유를 설명하니 아무런 문제가 없었다. 미팅에 참여한 건축가, 디자이너 역시 그들의 청소년 시절 경험했던 일이다. 지금 거리의 아이들의 진지한 모습과 다르지 않았다고 한다. 일 관련 이야기에 들어가기 전에 우린 그렇게 노르웨이 청소년들의 사회참여에 대한 나의 호기심을 채우는 질문과 답을 이어갔다. 그렇다! 어릴 때부터 사회를 공감하는 경험의 시간을 나눈 사람들은 어른이 되어 분명 다른 태도를 갖는다. 일 이야기 속에서 무언가 마음을 움직이는 기운이 느껴졌다. 경계하지 않고 귀기울이며 미소 짓는다.

에티오피아 여학생들이 교육을 받을 수 있도록 여성 인권을 지켜주자며 독특한 손글씨와 그림으로 팻말을 만들었다. 거리를 지나는 사람들에게 밝은 미소로 미션을 수행하고 있는 학생들.

분주하게 미션을 수행하고 있는 무리 중 좀 더 노련해 보이는 학생들을 만났다. 나의 반복된 질문에 친절하고 명쾌하게 답해 주던 고등학교 재학중인 학생들은 평소에도 NGO 단체에서 봉사활동을 한다. 그들은 거리에 나와 있는 친구들의 생각과 캠페인에 참여하는 이유에 대해 좀 더 적극적으로 피력하고 있었다. 다른 나라에 있는 또래의 아이들이 자신들처럼 행복한 학교교육을 받을 수 있었으면 좋겠다는 학생들은 벌써 여러 해 동안 이러한 봉사활동을 하고 있다. 무엇보다 직접 사회참여를 통해 진정한 민주주의를 경험하는 시간이 즐겁다고 했다. 행복한 미소를 잃지 않는 학생들은 왜 스스로 거리에 나와 있는지 분명히 알고 있었다. 빈곤하다는 이유로 불평등한 대우를 받고 교육 기회를 갖지 못하는 친구들이 이 지구상에 존재한다는 사실을 함께 깨달으며 자신의 행복을 나누고 싶다고 말하는 학생들은 하나같이 학교에 있는 시간보다 거리에서 경험하는 시간이 더 가치 있다고 답한다. 그 가치는 부모나 선생님들 역시 인정하고 공감하는 것이라고 했다.

VI GIR ALLEREDE NOK FAEN
OD
OPERASJON DAGSVERK 2014
Jenter fortjener utdanning!

50
ETIOPIA
MALAWI
Prosjektland for OD 2014
Jenter fortjener utdanning!

사회 공헌에 관심이 깊은 게오르그

오슬로 거리 캠페인에서 만났던 고등학생을 한 달 후 그의 학교에서 다시 만났다. 거리 캠페인에서 친구들 사이에 있던 게오르그는 나의 관심과 질문에 친절히 답했었다. 6년간 봉사하면서 사회 경험을 쌓아왔다는 게오르그와 이야기를 나누는 동안 난 그의 학교생활이 궁금해졌다. 난 그에게 인터뷰에 응해 줄 것을 요청했고 한 달 뒤 그가 다니는 학교를 방문했다. 그는 나와의 인터뷰를 위해 학교의 미팅 룸 하나를 예약해 두었다. 학교에서 친구들과 대화하고 그룹 워킹을 하기 위해 사용하는 방들은 다양한 크기로 마련되어 있었다. 올해 열여덟 살인 그는 이제 고등학교를 졸업한다. 그는 자신이 다니는 학교에 대한 자부심이 대단했다. 오슬로 중심가에 위치한 K고등학교는 1153년의 오랜 전통과 역사를 지닌 학교다. 게오르그는 철학 공부를 더 할 예정이지만 당장 고등학교 졸업과 동시에 대학에 입학할 생각은 아니다. 그는 좀 더 사회 경험을 쌓으면서 대학에 대해 알아볼 예정이다. 사회 공헌에 일찌감치 눈뜨게 된 그가 고등학교를 졸업하면 이미 예정된 일이 기다리고 있다. 학교를 졸업하면 그동안 봉사해오던 NGO 단체에서 6개월간 정식 직원이 되어 일하게 된다. 그는 사회 공헌에 대한 경험을 좀 더 풍부하게 쌓을 계획이다. 분명 대학은 갈 예정이지만 서두르지 않는다. 사회를 경험하면서 자신이 어떤 공부를 어디서 하면 좋을지 생각해 보기로 했다. 또래 친구들 역시 고등학교를 졸업하면 곧바로 대학에 들어가기보다는 각자 관심 있는 분야에서 경험을 쌓고 필요한 공부를 더 하는 것이 일반적이라고 한다. 대학은 노르웨이든 해외든 모두 열어놓고 알아볼 예정이다. 영어에도 관심이 많다는 그는 유창하게 영어를 구사한다. 영어 실력을 어떻게 향상시키는지 물었다. 주로 소셜 미디어를 통해 향상시키는데, 국제사회 분야에 관심을 갖고 있어 자연스럽게 언어에 대한 필요성을 느끼게 되었다고 한다. 거리에서 친구들과 무리 지어 있었을 때 그는 누구보다 적극적이고 친절한 태도로 나의 질문에 답했었다. 그의 자신감 있는 태도가 어떻게 비롯됐는지 알 수 있었다. 그는 학교생활을 즐겁게 하고 있다고 한다. 친구들과 연극반에서 활동하며 연기도 하고 수업 이후에는 무대 작업을 위해 학교에서 더 많은 시간을 보내기도 한다. 연극반 친구들이 함께 사용하는 시설을 자랑스럽게 안내한다. 집에서 생활하는것과 같이 편안한 소파와 부엌, 자유스럽게 대화할 수 있는 거실 같은 공간이 마련되어 있다. 하루 평균 6~7시간 수업이 끝나면 집으로 돌아가거나 친구들과 스포츠센터에 가는 것이 고등학교 3학년의 일상이다. 혹은 취미 활동을 위해 학교에서 연극 연습을 하면서 또래 친구들과 인간관계의 폭을 넓혀간다고 한다. 그의 주변에 '따돌림'이란 단어를 적용할 만한 친구들이 있는지 물었다. 적어도 자신이 알고 있는 범위에서 학교 친구들과의 관계에는 있을 수 없는 일이라고 한다. 그는 학교 교훈을 소개한다. "학교를 위한 배움이 아니라 자신의 삶을 위해 배우라"는 교훈에서와 같이 학생들은 사회성을 강조하는 학교생활에서 친구들과의 관계가 좋다고 한다. 그의 손에 들린 전화기는 보기 드문 구형이다. 많은 친구들이 주변에서 스마트폰을 사용하지만 자신은 아직 절실하게 필요치 않다. 새로운 전화기를 자신이 직접 마련하려면 오랜 시간이 걸린다. 정식으로 일해서 얼마간 돈을 모아야 하기 때문이다. 지난 여름 일하고 받은 돈으로 전화기를 바꿀까 생각한 적이 있었다. 하지만 오랜 시간 노력의 대가로 받은 돈이 전화기 바꾸는 데 들어간다는 허무한 생각이 들어 포기했다. 노동의 소중한 경험을 통해 얻은 대가인만큼 함부로 소비하지 않는 태도를 갖게 된다는 것이다. 그는 사회문제나 정치적인 관심을 가지고 친구들과 토론하는 일이 재미있다고 한다. 정치에 대한 관심과 토론은 자신과 친구들에게는 매우 흥미로운 일상이며 스스로 자랑스럽게 생각하고 있다. 본인이 생각하기에 청소년들이 정치에 대한 풍부한 견해를 갖는 일은 자연스러운 현상이며 민주주의 사회의 구성원으로서 당연한 일 아닌가 반문한다. 물론 다른 학교에 비해 자신이 공부하는 학교 분위기가 사회문제와 정치에 대해 좀 더 적극적이고 관심이 높은 편이라고 한다. 학교 선생님들과 부모도 자신이 갖는 관심과 토론에 어떤 간섭도 하지 않는다. 부모나 학교 선생님들 모두 학생 스스로 발견하고 토론하면서 성장한다고 믿고 있기 때문이다. 한번은 자신이 생각하기에 선생님 가르침이 양에 차지 않는다고 부모에게 고민을 털어놓은 적이 있다고 한다. 부모님 말씀은, 그렇다면 불만을 갖지 말고 스스로 공부하라는 것이었다.

고등학교 3학년 학생으로서 대학 공부보다 사회에 공헌하는 일에 왜 더 큰 관심을 기울이는지 물었다. 다른 친구들도 마찬가지겠지만 노르웨이에서는 돈이 없어도 모든 학생이 특혜를 누리며 안전하게 공부할 수 있다는 점을 자각하고 있다. 학교 과정에서 경험한 사회윤리 의식도 갖추게 되니 사회에 기여하는 일은 자연스러운 현상이라고 말한다. 노르웨이 사회만이 아니라 글로벌한 시각으로 눈을 돌리며 다른 문화에 관심을 더 많이 갖게 된다고 한다. 소셜 미디어를 통해 알게 되는 국제적인 이슈와 변화에 대처하기 위해 자신이 더 많은 사회적 경험을 쌓아야 한다며 미소 짓는 모습이 자신감이 넘쳐 보인다.

그가 수업에 다시 들어간 후에도 난 학교 문 앞을 더 서성이고 있었다. 그와의 대화에서 정리하고 싶은 학교의 역할에 대해 생각하며! 어떤 경계도 없이 아이들을 맞이하는 학교. 학교에서 사회를 연습하는 아이들이 추구하는 미래는 신뢰를 바탕으로 하는 사회다.

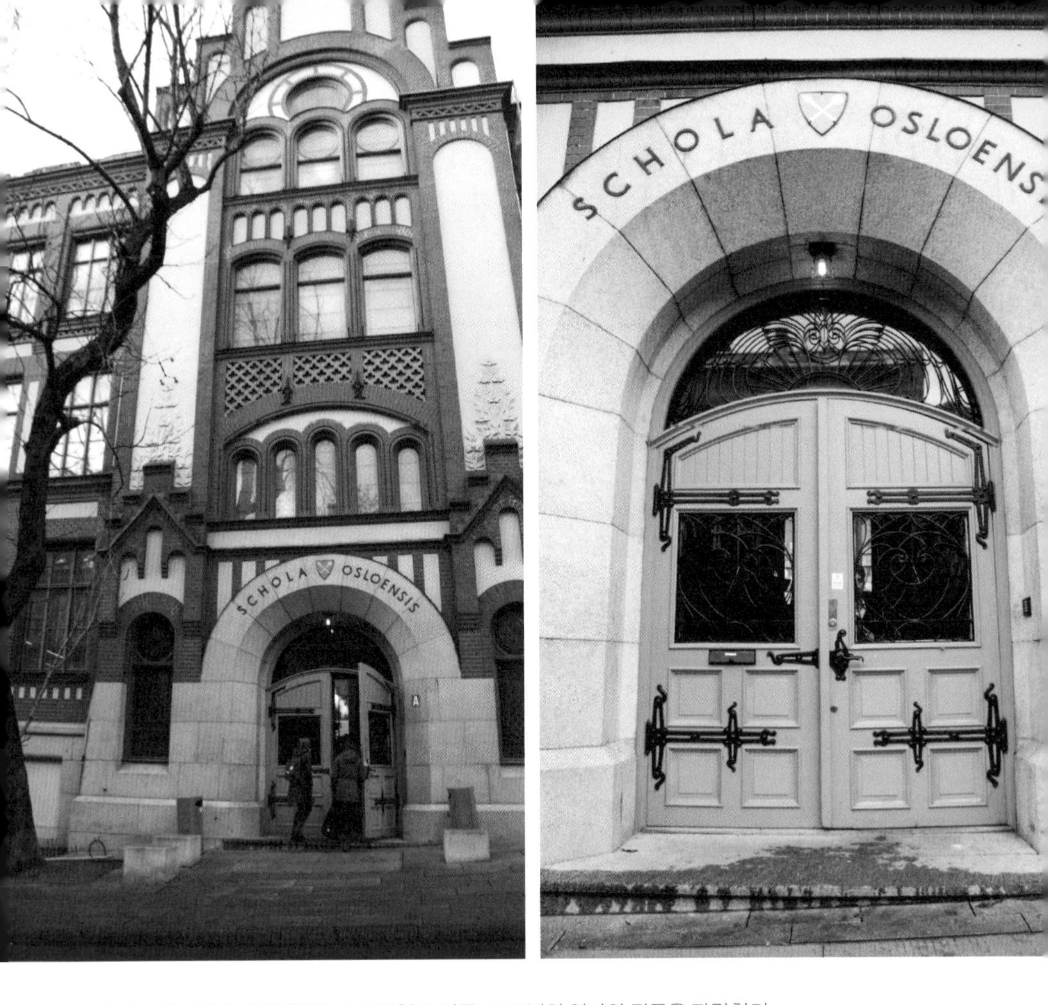

오슬로 중심가에 위치해 있는 K 고등학교 정문. 1153년의 역사와 전통을 자랑한다.

학교에서 연극반 활동을 하는 게오르그는 학교 내에 있는 공연장을 소개하며 자신은 연극 연습으로 학교에서 더 많은 시간을 보내는 것이 즐겁다고 했다. 그는 친구들과 함께 과제에 대한 토론이나 프로젝트를 연구하기 위해 미팅 룸과 같은 별도의 공간을 찾는다. 학교에 있는 다양한 크기의 미팅 룸을 학생들이 사전 예약하고 자유롭게 사용할 수 있다. 학교 수업에서 필기구 대신 사용하는 PC는 모든 학생들이 다 가지고 있다. 게오르그는 정부에서 보조하는 950N(노르웨이 마르크) 중 400N를 PC 사는 데 사용했다. 많은 돈은 아니지만 정부가 제공하는 학생 보조금은 꼭 필요한 학습도구를 사는 데 활용할 수 있어 유용하다. 오랜 전통을 자랑하는 학교지만 교육시설이나 시스템만큼은 현대화되어 있다. 최근 거의 대부분의 사람들이 사용하는 스마트폰에 대한 욕심은 그에겐 없다. 가장 기본적인 기능인 전화 걸고 받고, 메시지 보내는 정도의 전화기면 충분하다. PC 하나로 충분히 자신의 공부와 사회 생활을 이어가는 데 문제가 없다며 자신의 오래된 구형 전화기를 들어 보인다.

최고의 노동환경에서 최고의 브랜드 가치를

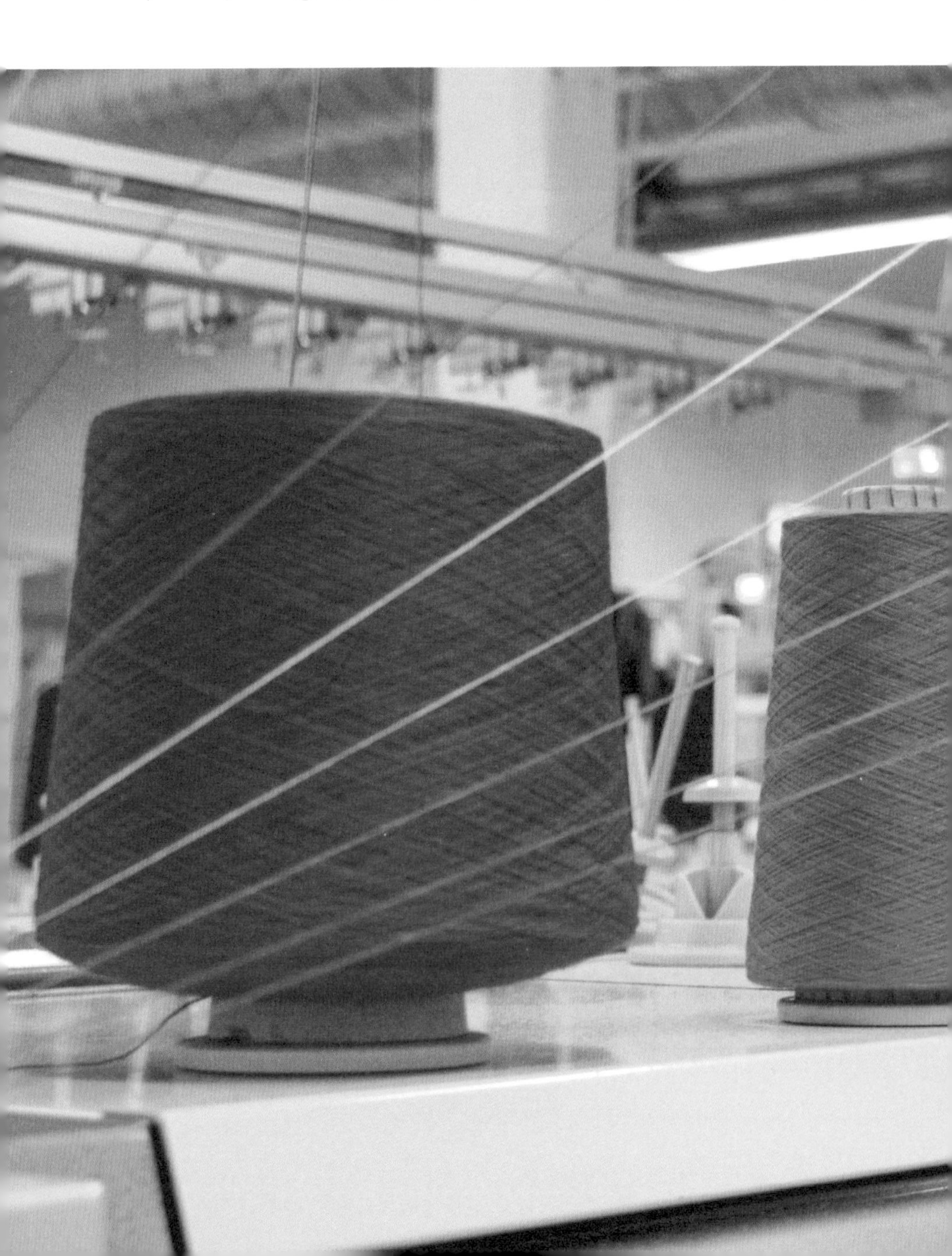

Creating the Best Workplace Oleana

올레아나는 사람을 중요하게 생각한다. 올레아나는 최상의 작업환경에서 사람을 대하며 최고의 품질 좋은 브랜드 가치를 창출하고 있다.

노르웨이를 대표하는 브랜드 올레아나를 생산하는 공장에 방문한 적이 있다. 올레아나는 북유럽 디자인을 소개하는 프로젝트 준비 과정에서 발견한 노르웨이 텍스타일 브랜드다. 처음 올레아나 브랜드에 관심을 가졌던 이유는 아름다운 패턴과 강렬한 색상의 조화로운 매력 때문이었다. 전통과 현대를 오가는 색상과 패턴에는 독특한 감성을 담고 있었다. 시각적인 매력뿐만이 아니라 손끝에서 만져진 텍스타일 촉감에서 재료와 짜임새의 디테일을 느낄 수 있었다. 마침 준비하던 프로젝트를 위해 베르겐 아카데미를 방문하던 중 올레아나 공장이 바로 베르겐시 가까운 곳에 있다는 사실을 알게 되었다. 베르겐 아카데미에서 디자인을 가르치는 교수와 함께 공장 견학을 위해 기차를 탔다. 환상적인 피오르드에 위치한 올레아나 공장건물을 들어섰던 설렘을 생생하게 기억한다. 현재 올레아나의 대표가 된 게르다가 친절하게 맞아주었다. 공장 안은 따뜻하고 행복한 분위기였다. 마치 올레아나 모델이 모두 한자리에 모여 일하고 있는 것 같은 착각을 불러 일으켰다.

올레아나는 1992년 시그네에 의해 창립되었다. 올레아나는 노르웨이가 오랜 전통으로 이어 왔던 방직 기술을 이용한 니트웨어를 생산하는 섬유회사다. 1700년대 말에서 1800년대로 이어진 서유럽 산업혁명 영향으로 많은 나라의 생산라인이 중단되거나 노동력이 저렴한 먼 나

공장 한 벽면의 창을 통해 피요르드의 아름다운 풍경이 펼쳐져 있다. 사람들은 쾌적하고 평화로운 작업환경에서 일한다. 노동환경은 노동효율성을 높이는 일과 크게 연관되어 있다.

라로 이전하던 시기에 올레아나는 정반대의 생각에서 출발했다. 노르웨이와 같은 고비용 국가의 생산 가능성과 일자리 창출에 대한 생각이었다. 주류에 휩쓸리지 않고 오히려 그와 맞서며 대안적인 사고를 지향한 결과였다. 창업자 시그네는 올레아나 창업 당시 경험했던 70, 80년대 상황을 잊을 수 없다고 했다. 그는 올레아나를 창업하면서 오랫동안 탄탄하게 유지해 왔던 노르웨이 정신과 문화를 담은 전통 텍스타일의 가치를 되살리고자 했다. 세계적인 산업화의 영향으로 노르웨이에서도 전통적인 텍스타일 시장이 변화하고 있었다. 오랫동안 생산하던 텍스타일 공장들이 문을 닫거나 이전하면서 공장에서 일하던 기술자들은 직장을 잃었다. 시그네는 남편과 디자이너 솔베이그와 함께 개성 있는 디자인 콘셉트를 구상하고 옛날 공장에서 사용했던 편직기들을 사들였다. 그리고 오랫동안 지역사회에서 몸담고 일했던 노련한 기술자들을 영입했다. 전통 텍스타일 공장이 문을 닫게 되면서 직장을 잃었던 사람들은 새로운 브랜드를 창출하기 위해 다시 모였고 훌륭한 조력자가 되었다. 시그네는 사라져가는 노르웨이 전통 텍스타일을 고부가가치 브랜드로 재탄생시키기 위해 경험 있는 기술자들과 팀을 이루었다. 노르웨이의 전통과 정신을 담은 올레아나는 섬세하게 짜여진 따뜻한 울 니트웨어로, 추운 지역 사람들에게 적합한 패션 디자인이다. 올레아나의 디자인 속에는 노르웨이 사람들에게서 보이는 독특한 전통 이미지와 색상의 조화가 현대적 감각으로 재해석되어 있다. 전통과 현대 감각의 디자인이 조화를 이루며 탄생한 개성 있는 디자인 브랜드는 곧 노르웨이 사람들의 정서에 맞는 가장 특징적인 브랜드로 자리 잡았다.

올레아나는 25년이 지난 후에도 텍스타일 시장에서 계속 성장하고 있다. 무엇보다 올레아나는 지속가능성에 대한 철학을 담는다. 변화하는 세상에서 소비자의 소비 경향과 구매하는 제품의 수준을 인식하고 있다. 천연 섬유와 같은 환경소재를 선택하며 지구를 구하는 일에 동참하고 있다. 올레아나의 컬렉션은 모두 노르웨이의 자체 공장에서 생산된다. 올레아나 브랜드는 철저하게 지역 노동력을 활용한다는 원칙을 가지고 있다. 노동환경을 최고로 여기는 올레아나는 공장에서 일하는 모든 사람들을 식구같이 대한다. 대량 생산보다는 지금 일하는 사람들이 행복하게 만들어낼 수 있을 만큼의 좋은 품질을 유지한다. 올레아나는 노르웨에서 자란 양털과 다른 유럽 지역의 천연 재료를 사용한다. 올레아나의 지속가능한 브랜드 가치는 품질 좋은 재료와 값비싼 노동력을 쓰는 대신 품질 높은 상품으로 제대로 된 가격을 받는다는 생각에 기초한다. 전통과 현대가 만나는 접점에서 노르웨이 사람들의 정신문화를 담은 디자인 브랜드라고 할 수 있다.

올레아나의 철학

산업화로 인해 사람들이 옛날 방식에서 벗어나 모두들 새로운 방식을 추구할 때 올레아나는 다른 시각으로 또 다른 가치에 도전했다. 산업혁명이 바람을 일으키는 물결을 감지했을 때 올레아나의 창립자는 당장 이익을 추구하기보다는 지속가능한 품질 좋은 브랜드 가치를 살리고자 했다. 무엇보다 노르웨이 전통을 살리는 섬세하고 지속가능한 니트웨어를 생산하는 노동자의 노동환경을 생각했다.

올레아나 노동환경에 대한 나의 호기심과 기대감은 올레아나 공장을 들어서는 순간 순식간에 해소되었다. 공장에서 작업하는 사람들은 모두 작업복 대신 올레아나 니트웨어를 입고 있었다. 유니폼 대신 최상급 니트 브랜드로 알려진 올레아나 니트를 입고 일하는 모습은 늘 즐겨 입는 평상복처럼 자연스러워 보였다. 작업하는 사람들은 각자 다른 여러 종류의 패턴과 색상의 니트웨어를 입고 있었다. 가늘고 색감 좋은 털실이 교차되어 오래된 기계에 걸리면 한 올 한 올 섬세하게 짜 내려가는 기계음이 들린다. 많은 사람들은 소음을 피해 헤드기어나 이어폰을 끼고 일에 몰두하고 있다.

한쪽에서는 기계에서 짜여진 조각들을 일일이 손으로 이어 붙이며 마무리하고, 그 옆에서는 검수하는 작업자가 세심한 눈길로 완성품을 살피고 있었다. 니트웨어가 완성되는 과정을 한눈에 살펴 볼 수 있다.

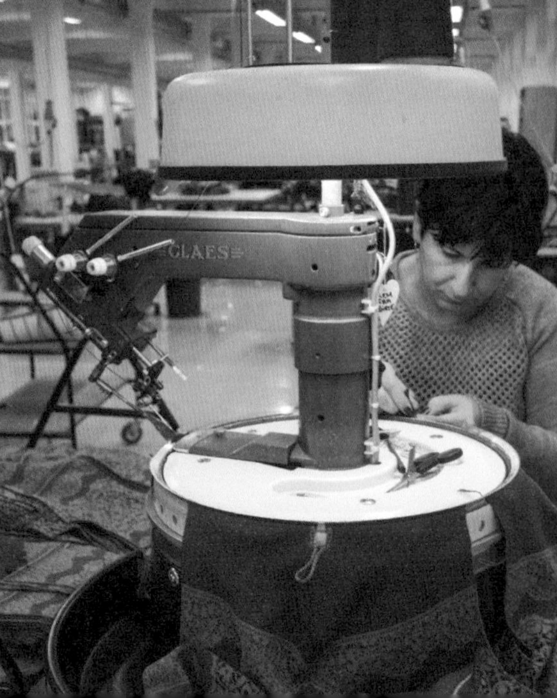
CLAES

HAMBURG

공장 내 작업공간은 정리도 깔끔한 쾌적한 환경이다. 일하는 사람들에게 방해가 될 것 같았지만 나의 카메라 렌즈를 보며 긍정적인 미소로 답하는 사람들 표정을 카메라에 담았다. 요즘 보기 드문 오래된 편물기계 앞에서 섬세한 손놀림을 하는 작업자들은 나의 질문에도 친절하게 답해 주었다. 박물관에 있을 법한 모습의 기계가 작동을 멈추지 않고 잘 돌아간다. 그 오래된 기계들은 오히려 현대기술로는 만들 수 없는 편물 직기라고 한다.

해길이가 짧은 1월의 꽁꽁 언 바깥 기온이 고스란히 창을 통해 전해 온다. 하지만 작업하는 실내 공간은 따뜻하고 아늑했다. 올레아나는 높은 수준의 재료를 사용하고 공이 많이 들어가는 값비싼 제품인만큼 대를 물려 입어도 손색이 없을 만큼 지속가능한 최상의 브랜드다. 노르웨이 사람들이 신뢰하고 소비자가 선택하는 이유다. 일하는 사람들 주변 환경엔 행복이 담겨 있다. 일하는 사람들이 느끼는 그 행복한 에너지가 곧 상품 가치를 유지하는 가장 큰 근거임을 다시 생각하게 된다. 자율적인 환경에서 행복한 웃음을 지으며 일하는 사람들은 외부 사람들조차 경계하지 않고 친절하게 대하는 태도를 보인다. 무엇이 그들을 즐겁고 자부심 넘치게 만드는지 알 것 같다. 그들이 최상의 품질을 자랑스럽게 유지할 수 있는 원동력이 어디에서 오는지 분명해 보였다. 그 원동력은 결국 신뢰였다.

올레아나의 디자이너 솔베이그

올레아나가 시선을 끌며 매력적인 브랜드가 된 배경에는 디자이너 솔베이그가 있다. 그가 자신의 솔직한 감성을 쏟아내며 올레아나의 특성을 살려내는 디자이너임을 직감적으로 알아챌 수 있었다. 올레아나의 새로운 디자인은 모두 솔베이그에 의해 만들어진다. 디자이너 솔베이그 히스달은 공장 작업자들과 함께 공장 현장에서 일한다. 공장 한 옆에 놓인 그의 책상 위에는 여러 종류의 꽃, 기하학적인 패턴, 자연 풍경이 담긴 손그림들이 수북하게 쌓여 있다. 아직도 디자인할 때 컴퓨터가 아닌 종이 위에 스케치하고 컬러를 입히는 작업이 좋다는 솔베이그. 주로 자연에서 영감을 얻은 그의 스케치는 디자인을 위해 단순화하는 작업 과정을 거친다. 그는 창의적인 영감을 얻기 위해 자신의 작업실에 쌓아둔 여행 자료를 보기도 하고, 정원에서 꽃이나 자연의 모습을 스케치한다. 그의 자유로운 손 그림은 디자인 작업을 위해 단순화된다. 그리고 그의 디자인은 전산 과정을 거쳐 기계에 입력되고 니트로 짜이는 최종단계에 들어간다.

그는 디자이너로서 자신의 예술적 감성을 담기 위해 여전히 종이 위에서 손 작업을 이어간다. 그는 공장에서 기계를 다루는 사람들과 자신이 스케치한 디자인이 어떻게 완성되어가는지 확인하고 의논하며 전 과정에 참여한다. 노련한 기술자와 창의적인 아이디어를 가진 디자이

OLEANA

너가 협력하는 현장이다. 그를 지탱하는 무한한 창의적인 힘은 그를 존경하는 올레아나 식구들의 신뢰감이었다. 그의 신선하고 아름다운 작업 과정이 반가웠다.

솔베이그는 올레아나를 소개하는 카탈로그와 포스터 레이아웃에도 관여한다. 홍보용 인쇄물에 사용할 모델 사진을 찍기도 한다. 모델은 자신의 딸이나 친구 그리고 주변의 평범한 사람들이다. 올레아나 브랜드는 특정인을 위한 상품이 아니라 누구나 소화할 수 있는 실용품이라는 이미지를 위해 과장된 홍보는 하지 않는다. 또한 불필요한 광고 비용를 줄이는 효과도 있다.

솔베이그는 그래픽 디자인, 예술 및 패션 디자인을 공부했다. 올레아나와 함께 그는 노르웨이 디자인 협회에서 총 6번 디자인 우수상을 수상했다. 2000년에 디자인, 공예 및 건축 분야에서 노르웨이에서 가장 권위 있는 야곱 상을 수상했다. 솔베이그 히스달은 노르웨이 최고의 텍스타일 디자이너 중 한 명이다. 그녀의 다채롭고 풍부한 감각을 배경으로 탄생한 장식적인 패턴 디자인은 올레아나 컬렉션에서 분명히 볼 수 있다. 올레아나는 사람을 중요하게 생각한다. 올레아나는 노르웨이 사람들이 생각하는 인간에 대한 생각을 작업 환경에 고스란히 담고 있다. 올레아나에는 섬유 분야에서 광범위한 경험과 기술을 가진 사람들이 일하고 있다. 직원들은 매일 아침 고급 편물기계 앞에서 숙련된 기술로 손작업을 시작한다.

직원들은 20세부터 81세까지 다양한 연령층이 함께 섞여 일한다. 올레아나 직원의 선발 기준은 전문기술을 갖는 일은 기본이지만 즐기며 일하고 유머를 가진 사람을 우선으로 한다. 직원의 생일이 되면 모두 함께 축하하고 노래하며 매일 한 차례 지루한 일과 속의 여유를 즐긴다. 직원들은 쾌적한 환경에서 서로의 영역을 존중하는 분위기다. 어느 누구도 일방적으로 지시하거나 명령하는 일은 없다. 올레아나 식원들은 1년에 한 번 공장문을 닫고 모두 함께 여행을 떠난다. 회사 대표와 공장에서 일하는 기술자를 포함한 모든 사람들이 함께하는 여행은 지금까지 한 해도 거르는 일 없이 세계 여러 나라를 여행했다. 여름휴가를 이용하여 다른 나라를 여행하는 목적은 타국 문화를 공부하면서 즐거운 휴식을 취하기 위함이다. 단순한 일을 하는 사람이라도 역시 문화적으로 풍부한 경험을 쌓고 즐거운 휴식을 취해야 한다는 생각은 모두가 찬성하는 자연스럽고 공통적인 생각이라 했다.

공장에서 일하는 사람들은 지역 사람들로 자신이 생산하는 상품에 자부심을 갖는다. 올레아나가 추구하는 공정성이 실현되는 현장을 경험했다. 옛날에 사용하던 기계들을 노련하게 다루는 사람들이 생산하는 올레아나 브랜드는 최첨단 기계에서 대량으로 만들어지는 현대 제품과는 구별되는 섬세함과 깊은 색감의 맛으로 승부하고 있다. 그 섬세함은 문화와 전통을 간직하고 살아온 사람들의 자긍심이 노동의 가치로 승화되는 현장에서 빛나고 있다.

디자이너 솔베이그는 공장 안에서 작업하는 사람들과 수시로 대화한다. 그가 그린 스케치는 노련한 공장 사람들 손에 의해 구체화된다. 창의자와 기술자가 가깝게 대화하며 협력 관계를 유지한다. 밝은 조명 아래 한 올 한 올의 실이 옛날 기계에 정교하게 걸려 있다. 품질 좋은 상품을 관리하기 위해 청결한 환경을 유지한다.

공장에서 일하는 사람들은 유니폼 대신 모두 품질 좋은 니트웨어를 입고 있다. 자신들 손끝을 거쳐 노르웨이 최상의 브랜드를 생산한다는 자부심에 넘친다. 올레아나 니트웨어는 특정인을 위한 디자인이 아니라 기능적으로 편안하고 따뜻한 제품으로 누구든 입을 수 있다.

올레아나의 디자이너 솔베이그는 여전히 종이 위에 스케치하고 색을 입힌 옷 패턴으로 공장 사람들과 대화한다. 최첨단 기술과는 거리가 멀어 보이지만 전문가들은 사라져가는 전통과 문화를 일으키는 데 앞장서며 현대 생활에 적용하고 있다. 디자이너가 공장 사람들과 함께 일하는 테이블 위에는 수많은 스케치들이 쌓여 있다.

올레아나 본사이자 공장 안은 박물관을 연상시킨다. 오래되고 귀한 텍스타일 관련 기계들이 놓여 있다. 올레아나에서 보관중인 역사적인 기계들은 여전히 작동이 가능하다. 조상의 지혜와 옛 생활 방식의 가치를 돌아보게 한다.

올레아나는 자연환경을 생각한다. 무엇보다 아름다운 노르웨이 자연과 조화를 이루는 제품에 자연에 대한 정신을 담는다.

아이는 미래다

The Children Are the Future

건축가 레이울프의 디자인 철학

"아이는 미래다."

인터뷰를 시작하자마자 레이울프가 가장 먼저 한 말이다. 아이들 이야기를 시작하자 미소를 띠며 행복해 하는 레이울프 람스타드는 노르웨이에서 수준 높은 공공건축 디자인 프로젝드에 참여하는 건축가 중 한 사람이다. 레이울프는 아이들은 쾌적하고 안전한 공간에서 생활하면서 아름다운 심성을 길러야 된다고 말한다. 어릴 때부터 수준 있는 생활공간이 중요하다고 말한다. 아이들은 좋은 공간에서 경험하는 즐거움을 통해 너그러운 사회를 배운다고 한다. 그는 지속가능한 디자인을 추구한다. 세심하게 배려한 공간에 아이들 미래가 있다고 믿는다. 그동안 만났던 다른 노르웨이 건축가들처럼 그 역시 돈이 우선이 아니라 인간적인 디자인을 먼저 생각한다. 그는 디자인에서 행복하고 건강한 사회를 유지하는 일에 책임을 다한다고 한다. 그의 철학은 그가 실행하고 있는 건축 디자인을 통해 사람 가까이로 다가간다.

아이들은 어릴 때부터 창의적인 환경에 영향을 받는다고 한다. 아이들 미래를 생각하는 공간은 기능적이며 품질이 보장된 재료들을 사용한다. 그가 생각하는 지속가능한 의미의 철학이 담긴 공간은 아이들 미래를 담고 있다.

그가 설계하는 건축은 스칸디나비아풍의 간결하고 강직한 구조의 특성을 살린 디자인으로 잘 알려져 있다. 그는 노르웨이 건축가에게 명예롭고 권위 있는 야곱 상을 받았다. 그는 전문 분야에서 실무를 통해 창의적인 건축 디자인 분야를 발전시켜왔으며, 사회적으로 영향을 미칠 만한 좋은 평가를 받고 있다. 그가 맡은 작업들은 마치 아이를 품은 아버지 같은 심성을 담고 있다. 그의 품성에서는 어느 것 하나 소홀히 하지 않는 정성과 마음 그리고 책임감이 짙게 풍겨온다. 그는 프로젝트를 수행할 때 인본주의 가치를 최우선으로 하며 헌신하는 태도로 작업에 임한다고 한다. 그의 철학은 자연스럽게 풍겨오는 인간적인 섬세함으로 프로젝트를 통해 나타난다. 그의 건축 디자인은 노르웨이뿐 아니라 세계 여러 나라에 알려져 주목받고 있다. 레이울프는 함께 일하는 사람들과 좋은 팀워크를 이루며 일한다. 그는 현재 10개국에서 모인 다국적 디자이너들과 일하고 있다. 그는 나이, 성별 등 차별 없이 서로의 생각을 존중하는 행복한 사무실 분위기에서 일하는 것을 중요하게 생각한다. 레이울프는 함께 일하는 건축가들과 모형 만드는 일도 즐긴다. 그의 사무실에는 그동안 성공적으로 이끌어왔던 수많은 프로젝트의 모형으로 가득하다. 직접 나무를 깎고 다듬어 묘사하기 어려운 부분까지 세밀하게 만든 모형들이다. 모형에서 표현되는 작은 디테일에서 그가 얼마나 정성껏 프로젝트를 수행하는지 알 수 있다. 스튜디오 구석구석에 놓인 보물 같은 모형들을 둘러보는 시간이 한참 걸린다.

그의 스튜디오를 둘러본 후 함께 사무실을 나와 방문하기로 했던 유치원으로 향했다. 그는 성공적으로 이룬 많은 공공 프로젝트 중 하나인 파게르보르그 유치원을 직접 소개해 주기로 했다 서울에서 기획한 나의 북유럽 건축 디자인 전시 프로젝트를 수행하면서 알게 된 그는 늘 예의 바르고 겸손하며 친절하다. 그의 건축스튜디오 RRA는 오슬로에 위치해 있다.

행복한 유치원 주변 환경

그가 안내한 유치원 앞에 도착한 순간 감동적이었다. 모형을 보며 궁금해 했던 디테일을 한눈에 볼 수 있었기 때문이다. 레이울프와 함께 유치원 현관에 들어서자 아이들이 우르르 그의 주변을 에워쌌다. 그동안 레이울프가 유치원에 손볼 곳들이 있어 오가는 동안 아이들과 친숙한 사이가 되었다고 한다. 그는 한동안 그의 주변에 모여 재잘대는 아이들에게 일일이 답을 해주고 나서야 아이들 손에서 풀려났다. 파게르보르그 유치원은 그가 아이를 생각하는 마음을 담아 진정 헌신적으로 완성도를 높여간 디자인이다. 유치원에는 1~3세를 위한 두 개 반과 3~6세를 위한 두 개 반이 있다. 유치원 설계를 위한 프로젝트에서는 주변의 고려해야 할 많은 문화유산에 관한 지침들이 있었다. 이 지역에는 1900년에서 1950년 사이에 세워진 주거용 건물들이 이웃하고 있다.

유치원 입구부터 눈을 반짝이던 아이들은 레이울프가 실내로 들어서자 그를 둘러 싸며 반갑게 맞는다. 건축가 레이울프는 한참을 그렇게 아이들과 손을 잡고 친절한 눈빛을 교환한다.

유치원 건물 외장재 역시 나무 재료를 사용했다. 건물 정면이 과감한 각도를 이루고 있는 모던한 디자인이다. 건축가 레이울프는 아이들이 어릴 때부터 창의적인 환경에 영향을 받는다고 했다. 아이들 미래를 생각하는 공간은 기능적이며 품질이 보장된 재료들을 사용했다.

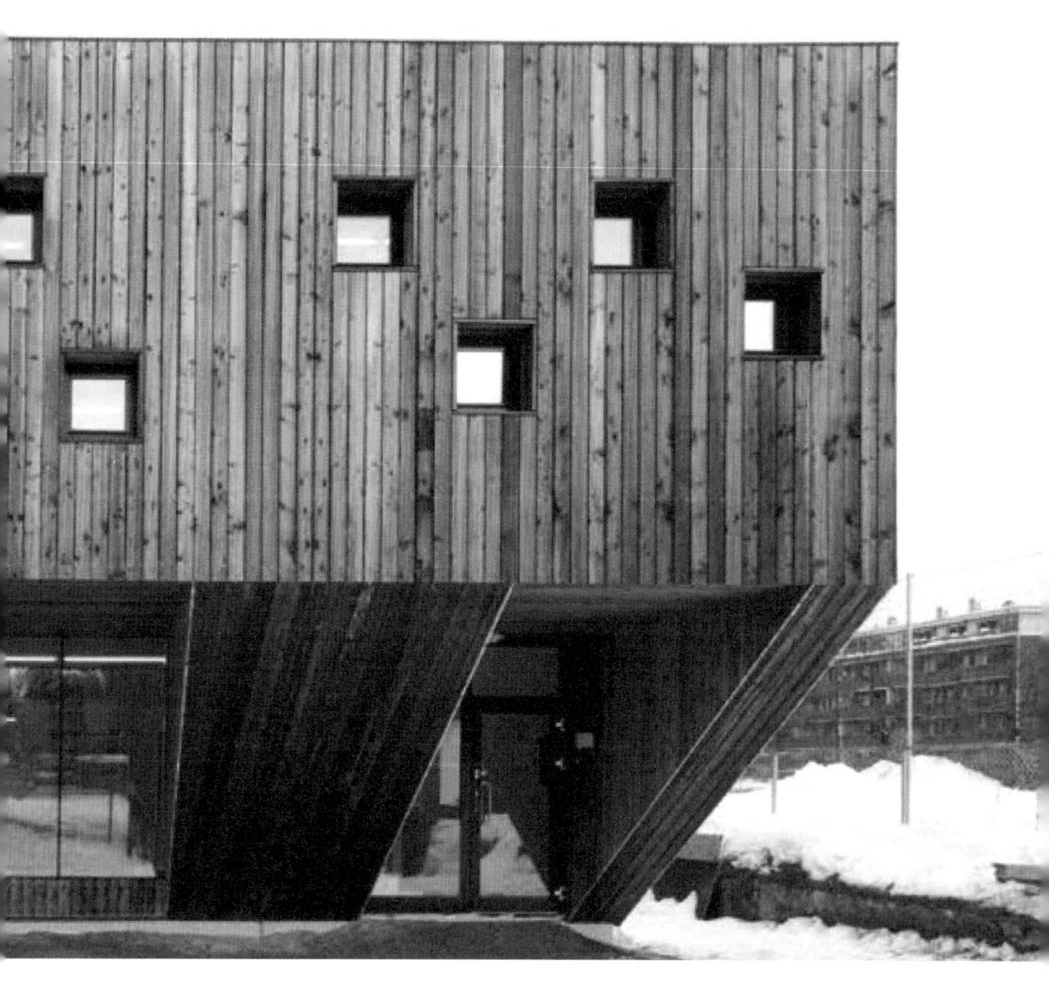

오슬로시 공원에 자리하고 있는 유치원은 건물 내벽과 외벽 그리고 바닥까지 모두 품질 좋은 나무 재료를 사용하여 지어졌다. 그가 생각하는 지속가능하다는 의미의 철학이 담겨 있다.

지자체는 전통 있는 오래된 건축물 사이에 현대적인 유치원 디자인을 요청했다. 유치원은 작은 도시 공원 한가운데 위치한 덕분에 마치 비밀 정원처럼 보호 받는 야외 공간을 갖게 되었다. RRA 건축팀은 유치원의 개별 공간 기능에서 독립적으로 혹은 함께 사용할 수 있도록 해달라는 요구를 반영하였다. 따라서 모든 개별 공간은 건물 중심에 있는 공용 공간과 부엌을 공유하도록 설계하였다. 사무실은 아이들을 위한 공간과 분리되어 위층에 위치하고 있다. 유치원 내부는 밝은 조명과 인테리어 자재 등을 통해 느껴지는 밝고 쾌적한 환경이다. 부드럽고 품질 높은 나무 질감은 실내 전체를 안정되고 평화로운 분위기를 느끼게 한다.

나무를 깎고 다듬어 만든 유치원 모형이다.

건축가 레이울프의 건축 사무실. 레이울프와 함께 일하는 건축가들은 설계뿐 아니라 모형 만드는 일에도 흥미를 가지고 적극 참여한다. 모형 만드는 일은 설계만으로는 부족한, 실물에 대한 감각을 실질적으로 느끼며 디테일을 표현하는 데 필요한 과정이라고 한다.

2층 사무실로 오르는 층계. 품질 좋은 나무 재료를 사용하여 구석구석 이음새 부분까지 간결하고 섬세하게 마감하였다.

아이들이 교사들과 식사하거나 함께 머무는 오픈 공간이다. 유치원에서 행사가 있을 때 외부 방문객들과 공유하기도 한다. 커다란 유리벽을 통해 아이들이 밖에서 노는 모습을 잘 볼 수 있다.

TIRIL
JULIE
MATHEA
TIRIL
JULIE

아이들이 만든 놀이 결과물. 아이들의 창의적인 작업에 교사는 어떤 기준을 두지 않는다. 아이들에게는 아무리 추운 날에도 외부 활동이 중요하다. 어린이집 아이들은 유모차에서 낮잠을 잔다. 유리벽을 사이에 두고 교사들은 낮잠 자는 아이들을 관찰한다.

유치원 주변은 100년 이상 된 건축물로 둘러싸인 주거지역이다. 문화유산이 있는 지역에서 현대 건축은 재고되어야 할 점들이 많지만 오슬로시에서는 현대 건축 디자인을 요청했고 레이울프 팀은 지역 조건에 어울리는 최상의 개성 강한 유치원을 설계했다.

아이들이 뛰어노는 건물 주변에는 최대한 자연 환경을 고려하여 흙, 자갈, 바위 등이 그대로 노출되어 있다. 아이들은 울퉁불퉁한 바위를 오르내리며 몸의 균형을 발전시킨다. 아이들에겐 자연의 생김 그대로를 몸으로 체험하는 것이 최상의 놀이다.

자연의 가르침을 몸으로 터득하는 아이들

Teaching and Learning Outside

자연이 놀이터다

한겨울, 뼛속까지 스미는 찬 기운에 온몸이 움츠러든다. 몇 겹을 입고도 베르겐의 한겨울 날씨는 여전히 모험이다. 노르웨이 아이들이 혹독한 겨울 추위에도 자연과 함께하며 견딜 수 있도록 실행하는 유치원 프로그램이 궁금했다. 건축가 오드의 추천으로 그가 설계한 유치원을 방문했다. 방문한 유치원에서 원장의 허락을 받고 아이들과 섞여 관찰하기로 했다. 유치원에 도착하니 아이들은 모두 밖에 나와 있다. 아침부터 밖에 나와 놀고 있다는 아이들은 추위와는 상관없어 보인다. 모래더미에서 소꿉놀이를 하며 흙을 퍼 나르는 아이들이 무리를 이루고 있다. 언덕을 데굴데굴 구르며 서로 밀고 당기는 개구쟁이들은 얼굴이 빨갛게 상기되어 있다. 자전거를 타는 아이들 주변에서 달리고 넘어지는 아이들이 뒤엉켜 있다. 한쪽에서는 낙서를 하고 혼자 생각에 잠겨 있는 아이도 보인다. 몇몇 아이들은 땅바닥에 주저앉아 깔깔대며 이야기꽃을 피운다. 언덕을 구르던 아이들이 어디선가 나무 상자를 가지고 왔다. 흔한 나무 상자 하나에 아이들이 몰리고 서로 태우고 끌어준다. 먼저 나무 상자를 탔던 아이는 끌어주던 아이와 교대로 밀어주고 당기는 놀이를 반복한다. 누구도 알려주는 사람은 없지만 아이들은 나름의 방식으로 질서가 보인다. 또래끼리 여러 형태로 놀고 있는 아이들 주변에 어떤 교사도 지휘하는 모습은 보이지 않는다. 교사들은 아이들이 노는 주변을 천천히 오가며 흐뭇한 미소로 바라보기만 할 뿐이다. 두꺼운 방한복을 입고 있는 아이들은 둔한 몸놀림으로 장갑이나 모자가 벗겨지면 가끔 교사에게 다가와 도움을 청하는 정도다.

아이들이 다가오면 교사는 키를 낮추고 친절한 미소로 아이 소리에 귀기울인다. 아이들이 요청하는 정도에서만 도움을 준다. 아이들만의 작은 사회가 존재하고 그 사회적 경험은 아이들 스스로 만들어 가는 것이니 편견 없이 바라보는 일이 교사의 태도라 한다.

아이들은 어른들이 이해할 수 없는 상상력을 가지고 또래 아이들과 대화한다. 때론 말보다 몸짓으로 표현한다. 그 흐름에 어른이 끼어들거나 참견하지 않는다. 아이들끼리 표현하며 노는 과정에서 내버려 두는 것은 발달 과정에서 중요하다고 한다. 교사들은 아이들이 밖에서 놀 때 주변에서 아이들이 안전한지 관찰하면서 원하는 아이들과 함께 놀아주는 일이 전부다. 교사가 아이들을 이끌고 따라하도록 가르치는 놀이는 없다. 놀이는 가르치는 것이 아니라는 말이다.

유치원 주변에는 특별한 놀이기구가 보이지 않는다. 자유롭게 노는 아이들 모습이 행복해 보인다. 울퉁불퉁한 언덕과 흙더미가 아이들에겐 신나는 놀이터다. 자연에서는 모두가 탐험할 대상이며 그 자체로 최상의 놀이터라고 말하는 교사는 본인도 어릴 때 자연에서 그렇게 자유롭게 자랐다고 한다. 노르웨이 아이들은 모두 자연을 탐험하며 성장한다고 말한다.

아이들이 외부로 드나드는 입구에 아이들 방한복이 걸려 있다. 아이들이 춥고 눈비 오는 날에도 밖에서 견딜 수 있는 이유는 잘 만들어진 방한복 덕분이다. 양털이 들어 있고 방수 처리가 된 좋은 품질의 방한복은 아이들이 쉽게 입고 벗을 수 있도록 위아래가 지퍼로 연결되어 있다.

아이들이 모두 밖으로 나가 놀고 있는 실내에서 한 아이가 혼자 간식을 먹고 있다. 멀리서 지켜보는 교사에게 물었다. 늘 천천히 먹는 아이를 재촉하지 않고 기다리는 중이라고 한다. 식사를 마친 아이는 자신의 방한복을 꺼낸다. 시간이 걸려도 방한복을 스스로 입고 벗도록 하는 규칙에 따라 아이는 혼자 옷을 입는다. 아이는 교사의 도움 없이 입는 방법을 터득한 모양이다. 벽을 짚고 혼자 방한복에 달린 신발에 발을 넣는다.

그 모습이 너무 귀엽고 웃음이 났지만 난 교사와 소리없이 그 모습을 지켜보았다. 지퍼를 올리고 마무리가 필요한 부분에서 아이는 드디어 교사의 도움을 청한다. 손가락장갑도 교사의 도움을 받는다. 다섯 개 손가락을 제 위치로 넣는 일은 쉽지 않으니 교사는 아이와 장난을 친다. 손가락장갑을 끼면서 아이와 교사의 놀이를 하듯 즐거운 동작이 반복된다. 장난감 없이도 아이와 교사는 손가락으로 교감하며 행복해 한다. 드디어 다른 아이들처럼 복장을 갖춘 아이는 다른 친구들이 노는 곳으로 합류하기 위해 천천히 계단을 오른다. 뒤뚱대며 계단을 오르는 아이의 모습을 지켜보던 교사는 아이가 친구들과 어울리는 장면을 확인한 다음 자신의 일로 돌아간다. 3살 아이의 손놀림과 몸의 균형을 이루는 과정을 목격한 셈이다.

유치원 아이들 중 일부는 이미 아침에 산을 오르고 돌아왔다. 눈앞에 보이는 아이들 중 절반은 하루종일 밖에서 시간을 보내고 있다. 유치원 프로그램에서는 아이들이 교대로 한 그룹은 산을 오르고 산책하거나 온종일 밖에서 논다. 아이들은 날씨와 기온에 관계없이 사계절 노르웨이의 거친 자연을 경험하면서 자란다. 노르웨이 유치원에서는 각기 나른 방법으로 자연 체험을 시행한다.

아동심리학을 전공한 원장은 아이들이 어릴 때부터 다양한 문화를 나누는 것을 중요하게 생각한다. 다양한 문화를 가진 아이들이 서로 다른 점을 관심 있게 받아들이고 존중하는 심성을 어릴 때 경험하도록 해야 한다는 것이다. 유치원에서는 아이들에게 글씨나 지식을 가르치지 않는다. 많은 아이들이 서로 다른 언어적 배경을 가지고 있지만 아이들만의 언어로 소통한다. 다만 다른 문화권에서 온 아이들은 미래 모국어로 노르웨이 언어를 사용하는만큼 일상적인 유치원 생활에서 노르웨이 말을 자연스럽게 사용하도록 한다.

"놀이는 아이들의 본능적인 행위다. 놀이를 통해 아이들은 또래 친구들을 만나 자연스럽게 주변 환경에 적응하는 능력을 키운다. 언덕을 구르고, 넘어지며 흙과 나무, 돌이 있는 자연을 가깝게 느끼는 것은 노르웨이에서 태어나거나 살고 있는 아이들이라면 누구에게나 적용되는 일이다."

유치원 원장의 말이다.

내가 찾은 유치원은 세계 여러 나라에서 이주한 사람들의 자녀와 노르웨이 아이들이 함께 다닐 수 있는 국제 유치원이다. 처음 베르겐 시내에 있었던 유치원은 1990년 지금의 새로운 건물로 이전했다. 유치원은 3~6세 아이들 서른네 명을 정원으로 하고 있다. 건축가 오드 쇠루스가 유치원을 설계했는데, 그의 자녀가 다니던 유치원을 이전하는 계획 중에 설계를 맡게 되었다. 유치원은 그의 자녀가 졸업한 뒤 완성되었지만, 마음을 담아 설계한 유치원은 그에겐 영원한 아이 집이라고 했다. 2009년에는 그와 팀을 이룬 건축팀 포르투넨이 설계한 유아원이 완성되었다. 유아원은 유치원의 앞마당 부지를 확장하여 지붕으로 사용하는 독립된 건물로 0~3세 아이들 아홉 명을 정원으로 하고 있다.

유치원은 베르겐 외곽에 있는 달렌이라는 마을 정경이 한눈에 내려다보이는 언덕의 주택 사이에 위치해 있다. 탁 트인 시야, 아이들이 적당히 언덕을 오르내리며 자연을 즐길 만한 환경이다. 확장된 유치원 마당은 유아원의 지붕이 된다. 유아원과 유치원은 별개의 건물로 용적률을 최소화하면서 땅의 생김을 그대로 이용하여 지어졌다. 유치원 건물은 노르웨이 전통 가옥에서 보이는, 풀이 자란 지붕과 짙은 타르 색 나무 벽면 구조로 되어 있다. 겉으로 보이는 짙은 타르 색의 벽면과는 달리 내부는 밝은 자연 그대로의 목구조로 이루어져 있다. 아이들이 추운 날 밖에서 돌아와 따뜻한 실내 환경에서 생활하는 데 문제가 없으며 보통의 가정처럼 안정된 분위기다. 아이들은 실내로 들어오는 입구에서 모두 방한복을 벗어 걸어 놓는다. 춥고 눈비 오는 날에도 아이들이 밖에서 견딜 수 있는 이유는 잘 만들어진 방한복 덕분이다. 방한복은 아이들이 쉽게 입고 벗을 수 있도록 위아래가 붙어 있고 지퍼가 달렸다. 방한복은 좋은 품질의 양털이 들어 있고 방수 처리된 천으로 감싸여 있어 추운 겨울 밖에서 온종일 뒹굴어도 끄떡없다. 방한복은 노르웨이 사람들이 신뢰하는 또 하나의 일상 디자인이다. 멋을 내는 옷이 아니라 혹한의 추위에서 사람을 지키는 기능적인 옷이 누구에게나 동등하게 필요하다는 의미에서 일정한 품질을 보장한다.

유치원 건물 지붕은 노르웨이 전통 건축양식에서 볼 수 있는 것처럼 지붕에서 풀이 자란다. 유치원 마당을 확장하고 유아원이 들어섰다. 확장된 유치원 마당은 유아원의 지붕이 된다. 유아원과 유치원이 별개의 건물이지만 용적률을 최소화하면서 땅의 생김을 그대로 이용하여 설계되었다.

유아원 출입문에서 나와 층계를 오르면 곧바로 유치원 아이들이 노는 마당으로 이어진다. 아이들이 노는 공간은 유치원과 유아원이 함께 공유한다.

겉으로 어둡게 보이는 짙은 타르 색 건물 벽면과는 달리 내부는 밝은 자연색 나무 구조로 이루어져 있다. 아이들이 추운 날 밖에서 돌아와 생활하는 실내환경은 따뜻한 난방 시설과 품질 좋은 나무를 마감재로 사용한 쾌적한 공간이다. 아이들 의자는 세계적으로 잘 알려진 노르웨이 디자인 트립트랩을 사용하고 있다. 대부분의 노르웨이 사람들이 어릴 때부터 성인이 될 때까지 사용하는 디자인이다.

유치원 건물 주위에서 아이들이 어울려 놀고 있다. 건물 안에는 한 명의 아이도 남아 있지 않다. 아이들은 울퉁불퉁한 언덕을 기어오르고, 넘어지고, 구르며 또래 아이들과 어울리며 논다.

아이들은 한겨울 쌀쌀한 날씨와 상관없이 밖에서 놀며 자연환경에 적응하는 능력을 키운다. 유치원 울타리 안에서 노는 아이들은 모두 자유롭고 즐거워 보인다. 유치원 교사들은 아이들이 노는 모습을 통제하지 않고 지켜만 본다.

교사들은 아이들이 안전한 곳에서 스스로 놀면서 터득하는 환경을 만들어준다. 교사들도 아이들처럼 방한복 차림이다. 아이들이 유치원 울타리 주변에서 나무 울타리를 넘고 매달린다. 아이들에게 또 하나의 놀이터가 된 셈이다.

아이들이 담을 넘고 뛰어 내려도 다치는 아이는 없다. 아이들의 행동을 자연스럽게 생각한다는 교사는 자신이 아이들에게 어떤 도움도 줄 필요는 없다고 한다. 아이들에게 좋은 놀이 방법 중 하나라고 말한다.

나눔의 맛을 배우는 아이들

아이들과 한참을 즐기고 있는데 한 교사가 수북하게 담긴 과일 바구니를 테이블 위에 놓았다. 테이블에는 접시와 칼, 도마가 놓여 있다. 아이들 네 명은 약속한 듯 각각 도마 앞에 앉아 칼을 집어 든다. 간식 시간이었다. 아이들은 매일 과일 하나씩을 집에서 가지고 온다. 친구들과 가져온 간식을 나눈다. 아이들 중 자원하는 네 명의 아이가 친구를 위해 과일을 자르고 접시에 담는다. 친구들과 접시에 담긴 여러 가지 과일 맛을 함께 나눈다. 아이들은 과일 자르는 일을 서로 하고 싶어해서 매일 돌아가면서 차례를 기다린다. 잠시 교사와 간식 이야기를 하는 동안 아이들은 어느새 과일을 자르기 시작한다. 난 교사에게 칼이 잘 드느냐고 물었다. 칼이 잘 들어야 과일이 잘 잘리지 않느냐고 다시 내게 묻는다. 아이들은 아주 익숙하게 과일 껍질을 벗기고 자르고 있다. 포도, 사과, 귤, 당근 등 다양한 과일을 빠른 속도로 잘게 잘라 접시에 담는다. 어느새 네 개의 접시에는 과일 조각들이 수북하게 담겨 있다. 아이들은 도마와 칼을 정리하고 네 개의 접시를 다른 접시로 덮어둔다. 과일 접시들은 네 개의 테이블에 각각 놓였다. 네 그룹으로 나누어진 아이들이 자리를 잡는 동안 접시는 그대로 뚜껑이 덮인 채 아이들을 기다리고 있었다. 아이들은 빠진 친구 없이 모두 자리에 함께할 때까지 기다린다. 과일을 자르는 동안 아이들은 호기심으로 주변을 오가며 눈길을 주곤

하지만 누구 하나 먼저 테이블 위 과일에 손대지 않았다. 어떤 교사도 주의를 주는 모습은 보이지 않았다. 아이들이 자리에 다 모이자 교사는 아이들에게 신호를 보낸다. 아이들이 간식을 먹어도 좋다는 신호는 감사 인사가 담긴 노래였다. 노래가 끝난 후 아이들은 바로 앞에 접시가 놓인 아이부터 과일 조각을 하나씩 집어 든다. 그리고 그 다음 아이가 집을 수 있도록 접시를 옆으로 밀어준다. 접시는 한 바퀴, 두 바퀴, 과일이 남지 않을 때까지 반복해서 돌아간다.

아이들 중 아침 산행을 했던 아이들은 실내에서 간식 시간을 갖는다. 실내에서 오전을 보냈던 아이들은 야외에서 간식을 먹는다. 추운 겨울을 경험하는 일관된 모습이라는 생각을 했다. 아이들이 일찍부터 험한 자연에서 살아가는 방법을 배우는 중요한 연습의 현장에서 나는 아이들에게 많은 것을 배웠다. 과일 하나로 아이들은 여러 가지 다른 맛을 보며 나눔의 또 다른 가치를 경험하고 있었다. 나눔을 생활로 이어가는 배움의 현장에서 아이들을 통해 깨달음을 얻은 감동적인 시간이었다.

간식 시간에 아이들이 과일을 자르고 있다. 집에서 각자 한 개씩 가지고 온 과일은 작은 조각이 되어 친구들과 함께 나누며 맛보는 의미를 갖는다. 추운 겨울, 아이들은 익숙하게 과일을 자르고 접시에 담는다. 아이들이 사용하는 과일칼은 날카롭다. 아이들은 칼 사용하는 방법을 일찍부터 익힌다. 칼은 일상에서 사용하는 도구라는 점을 인식하는 과정이다. 과일을 자르던 아이가 날카로운 칼에 손을 베였다. 아이는 아무 말 없이 앞에 앉아 있던 교사를 쳐다본다. 아이는 당황하지도 않고 침착했다. 교사가 건넨 짧은 답변을 들은 아이는 건물 안으로 들어갔다. 그리고 곧 돌아온 아이 손가락에는 반창고가 감겨 있다.

아이는 도마 위에 놓여 있던 과일을 다시 자르기 시작했다. 아이는 아무 일도 없었다는 듯 자신이 맡은 일과를 끝낸다. “피가 흐르는 것은 위험하지 않다. 피가 멈추는 것이 위험한 일이다.” 나의 의문에 교사가 한 말이다. 사고가 났을 때 당황하거나 겁낼 필요가 없다고 한다. 위험에 대처하는 능력을 키우기 위해 어릴 때부터 도구를 제대로 사용하는 연습이 필요하다는 것이다. 올바른 도구 사용법과 안전에 대한 분별력을 아이 때부터 경험하면서 배운다.

아이들이 직접 준비한 간식이 테이블에 놓여 있다. 아이들이 고대하던 간식 시간이다. 간식 시간이 되자 흙투성이가 되어 놀던 아이들이 손을 씻고 테이블 주변에 하나둘 모이기 시작한다. 아이들은 친구들이 다 모일 때까지 기다린다. 아이들이 다 함께 테이블에 모이자 교사와 아이들이 즐거운 노래를 부르며 감사 인사를 한다.

과일 접시 앞에 앉은 아이부터 하나씩 과일 조각을 집는다. 그리고 접시는 옆으로 돌려지고 다음 아이가 하나를 집는다. 아이들은 접시가 다시 앞에 돌아올 때까지 기다린다. 생활화된 식탁 예절이다. 각자 하나씩 가지고 온 과일을 작은 조각으로 나누니 접시가 풍성해졌다. 아이들은 친구들과 다양한 맛을 즐기며 행복한 나눔을 경험하고 있다.

책을 마치며

'우리는 과연 다음 세대를 위해 무엇을 하고 있는가?'

스스로에게 질문하며 또 하나의 화두를 던지기 위해 네 번째 책을 내기로 했다. 언젠가 나의 세 번째 책 《소리 없는 질서》를 읽고 독후감을 보내 온 한 중학생의 글귀가 떠오른다.

"소리 없는 질서 속의 내밀한 관찰은 우리 사회에 던지는 아픈 질문으로 이어진다."

난 그 아이의 느낌이 너무 미안하고 아팠다. 그리고 기뻤다. 내 자신에게 다가왔던 울림을 다른 사람과 공감할 수 있다는 기쁨이기도 했다. 어린 친구와 그런 감정을 공유하다니!

어른은 아이를 옥죄지 말아야 한다. 아이가 품은 내면의 감성을 좀 더 자유로운 시간 속에서 자라게 해야 한다. 아이가 직시하는 사회는 언젠가 그들이 진정 꿈꾸는 세상이 되어 갈 것이다. 아이들 눈빛에서 얼마나 많은 이야기를 하고 싶어하는지 알 수 있다.

어른들이 알아 듣고 싶은 언어로 아이를 평가하고 어른들 살아온 시간으로 아이를 가두고 있는 것은 아닐까? 어른도 아이였다. 우린 왜 아이 시간을 잊고 사는가!

최근 '아이 교육' '미래 교육' '스마트 교육' … 마치 무슨 표어대회처럼 무수히 많은 슬로건을 쏟아내며 교육을 핑계로 돈을 물 쓰듯 한다. 갑자기 이웃 나라 교육을 벤치마킹한다며 영혼 없는 행동이 횡행한다. 사회가 온통 아이 교육에 우왕좌왕하고 있다. 혼돈 속에서 교육은 겉모습만 바뀔 뿐이다.

난 주체할 수 없는 의로움으로 사과나무 한 그루를 심기로 한다. 말보다는 실천이다. 나의 이야기는 스스로 도전하며 즐겨 온 경험을 바탕으로 한다. 북유럽 사회에서 프로젝트를 수행하며 만났던 다양한 전문가들, 그리고 거리에서 만난 무수한 사람들과 편견 없이 생각을 나눌 수 있었던 시간이 내겐 큰 배움이었다. 난 그들이 보여준 겸손하고 정직하고 침착하고 너그러운 태도를 통해 북유럽 사회가 왜 행복한지 알게 되었다. 내게 찾아온 행운 같은 순간들은 또 다른 나를 향해 도전하는 긍정적 에너지로 승화되었다.

지금 한국사회는 봄처럼 다가오는 학교 변화에 대한 물음 앞에 맞닥뜨려 있다. 난 내가 경험한 북유럽의 멜랑콜리한 기운을 담아 학교라는 화두 앞에 서 있다. 북유럽 사람들이 말하는 학교는 마을이고, 인간사회 곳곳이 학교다. 배움은 즐거운 일이며, 행복한 미래를 위한 것이고, 경쟁을 위한 공부가 아니다. 가르치지 않는다. 스스로 배울 뿐이다. 교육은 독립적이고 어떤 정치에도 영향을 받지 않는다.

정직한 사회에서 진실과 부끄러움이 무엇인지 배운다. 교육을 받는 이유는 이웃과 함께하는 행복을 위해서다. 동등함을 배우는 과정에서 서로를 배려하는 마음을 갖는다. 경쟁할 필요가 없으니 충분히 쉴 공간과 휴식이 가능하다. 이러저러한 모양이 함께 산다. 내게 부족한 것과 다른 사람이 가진 것은 비교 대상이 아니다. 행복지수가 높은 사회에서 맛보는 제철 과일엔 진한 계절 맛이 있다. 자연이 품은 제철 과일에 감사하며 생태계를 파괴하지 않는다. 다음해에 맛보게 될 태양빛을 고대하는 기다림이 존재한다.

아직도 한참을 더 이야기해야 한다. 하지만 난 또 다른 콘셉트로 다음을 약속한다.

이 책을 만들어 내는 데 많은 친구들과 존경하는 사람들이 격려하고 도움을 주었다. 나는 사진을 글씨와 같이 취급한다. 늘 카메라를 들고 다니지만 사진을 언어로 구상하는 데 많은 친구와 기관의 도움이 필요했다. 그 아름다운 사람들에게 존칭과 사회적 지위도 생략하며 감사 인사를 전한다.

Many of my friends and colleagues encouraged me to create this book. It helped me to focus on the significance of my experience to a society that values differences and inclusivity. I inspired, Nordic Path: New Schools for future generation. Let me keep on moving to create and set the tone to open communication between Nordic countries and Korea.

I believe a Picture Says More Than Words. The reasons why I still insist on carrying a camera. I appreciate your flexibility in allowing me to use your valuable photo materials. I just want to say how pleased I am with the results of your photography in this book.

Petter Bergerud, Anne-Karine Garstad, Raiulf Ramstadt Architects, Fortunen Architects, Nils Johan Mannsåker, Kristin Jarmund Arkitekter, Geir Messel, Oleana, Dave Vikøren, Kristin Jarmund Arkitekter, Christopher Adams, Gunhild Varvin, Henriette Salvesen, Norwegian Embassy in Seoul, Gerda Sørhus Fuglerud, Svane Frode, Vestre, Solveig Hisdal, Odd Sørhus, Mario Mannsåker, Marianne Perus Jacobsen.